GISELA STEINECKERT

Eines schönen Tages

ERINNERUNGEN

neues leben

Wenn es bald zu Ende wäre,
hätte ich Lust, noch einmal zu beginnen.
Naja, jedenfalls vielleicht.

INHALT

Wort zum Anfang 7
Heimweh und Erinnerung 12
Über die Biermann-Legende 33
Käsebleich und Braungebrannt 43
So ein Jahr 48
Mein neues Nein 57
Jeden Moment noch einmal 59
Der andere Teil vom Lied 62
Mitten im Lauf 70
Eine wie Hildi 73
Sowohl Anfang als auch Ende 78
Das Einfachste 90
Kein Stein auf dem andern 98
Knutsch von Harich 118
So ein langer Atem 123
Von Respekt und seinem Gegenteil 129
Dieser dunkle Flieder 142
Der schönste Monat 145
Weiberwege 150
Eines besonders schönen Tages 170
Wir Herzensbürger 174
Im Geiste 179
Brief an Irmtraud Morgner 185
Mein September 192
Was bleibt … vielleicht 196
Der wahre Grund 201
Was ich noch möchte 216
Sie schon wieder 219
»… und der Treue nicht vergiss« 222

WORT ZUM ANFANG

Kein Vorwort diesmal, kein vorangestelltes Wollen aus Wörtern, die sich wichtig geben – und sich später entlarven als einziges Gemeingut in jedem mittelmäßigen Kopf und als Wunschdenken.

Oder, auch das hat es schon gegeben, es ist Unerträgliches unerträglich aufgeschrieben worden. Das werden wir erfahren.

Von so vielen Abschieden wäre zu reden, mindestens von den schmerzlichen, etwa, dass Theresia von Ávila schon vor fünfhundert Jahren gelebt hat, nicht heute, nicht mit uns. Was für eine gescheite Person. Sie hat uns ihre spöttischen Aussprüche hinterlassen und fünfzehn neue Klöster gegründet, darunter eines für Männer. Es heißt auch, sie habe ein außergewöhnliches Organisationstalent besessen. Da wüssten wir ihr heutzutage viele Posten, die leider mit keiner solchen Person besetzt sind.

Aber das würde doch nicht in ein Vorwort gehören. Nicht einmal, wenn der Abschied gerade erst hat sein müssen, von der Annemarie Bostroem, die mit ihren Sonetten der damals Sechzehnjährigen im armseligen, zerbombten und hungernd frierenden Berlin einen Lebensauftrag weckte. Das war nicht zu denken, sich nicht vorzunehmen, aber es war da und überfüllte die Seele, sodass sie sich in eigenen Versuchen entäußern musste. Ihre Gedichte waren sozusagen in meiner Seele ein Vorwort. Und dann stand sie, die schmale Person, eine, die ohne Attitüde auskam, auf einmal vor meinem Tisch, mitten auf dem Alexanderplatz, beim Buchbasar. Ich kannte sie nicht. Sie wollte einen Gedichtband und den signieren lassen. Ich fragte sie dafür nach ihrem Namen; und dann sprang ich auf, umarmte sie, mir kamen die Tränen, ich erzählte ihr, und sie verstand.

Uns waren Begegnungen möglich, auch solche mit Publikum, aber später schoben wir die trotz Lust dazu immer wieder auf, es blieb zu oft bei Telefonaten. Zuletzt, weil sie die Treppen in ihrem Haus nicht mehr bewältigen konnte, und ich hatte mir den rechten Fuß mehrfach gebrochen und konnte nicht zu ihr hinauf.

Sie liegt nun zwischen den beiden Männern ihres Lebens, hat gesagt: »Was sollen die denn ohne mich.« Annemarie hat beide geliebt, keinen ganz für sich abgeschlossen. Das gehört zu ihr, der Unersetzbaren.

Sie würde kein Nachwort wollen, ich will kein Vorwort. Die schmerzlichsten Abschiede sind aber oft die tröstlichen, weil da etwas bleibt, mit dem wir noch nicht fertig sind.

Nur kein Vertiefen in die leise während Furcht, Absichten müssten Gedankenbilder bleiben, vorläufig Gedachtes könne nicht mehr in Erkenntnisse oder Ergebnisse gebracht werden.

Der Tag ist allein für das Notwendige zu knapp, wie sollte die Zeit reichen für neue Eindrücke, die in Worte gebracht werden könnten.

Immer muss diese Chance für das Alltägliche zurückstehen. Jetzt noch, in solchem Lebensalter?

Ja, jetzt noch und umso dringlicher.

Ich würde mich so gern einmal, nicht öfter, mit Arthur Schnitzler treffen. Wo? Nicht in der Arztpraxis, nicht in einer vermutlich heimlichen Wohnung, die er Marie gegenüber »unser Zuhause« nennt.

Solche Behausung für die jungen Männer und ihre Liebchen muss damals für Junggesellen in Wien üblich gewesen sein. Ich möchte Schnitzler für sein Hingucken danken, für sein scheinbar frivoles Aussprechen von

Wahrheiten über Mann und Frau, solche die sich bis heute nicht aufgehoben haben. Besonders aber verehre ich ihn für sein unglaublich tapferes Bühnenstück über den Konflikt zwischen Arzt und Pfarrer. Nach der Premiere von »Professor Bernhardy« hat er die erste eigene Erfahrung mit aktivem Antisemitismus gemacht. Jedes Wort dieses Theaterstücks ist Konflikt geblieben; bis heute, und gerade eben wieder ist es nicht umwobenes Flämmchen, sondern gefährlicher Brand.

Ich würde auch gern noch kurz bei der Gisl Kisch vorbeischauen, sie umarmen, weil sie einen Mann bestärkte, der so dringend losgelassen werden musste, ihren »Rasenden Reporter«, den Kisch, der ruhig wieder einmal gelesen werden soll. Wieder einmal? Wer von den Jungen kennt noch einen unserer Aufklärer?

Und Mary? Mary Tucholsky? »... hat einmal geliebt ...«, das waren die späten, sie meinenden, die abschließenden Worte eines Menschen, der so gern ihr Mann sein wollte und Nähe nicht ertrug. Mary hat eine Erfahrung gemacht, die viele von uns mit ihr teilen: Es gibt Menschen, die sollten sich besser nie begegnen. Dass gerade solche sich zueinander hingezogen fühlen, manchmal, das habe ich nicht nur beobachtet.

Einmal durfte ich den Maler Wolfgang Mattheuer in Leipzig besuchen, weil ich in der Zeitung seine »Ausgezeichnete« verteidigte, mitten im Verriss von oben, »gesellschaftliches Unbehagen« betitelt. Angeschoben wurde solcher Eklat meistens dadurch, dass ein scheinbar Befugter über irgendetwas gemeckert hatte. Es konnte »Paul und Paula« heißen oder »Die Umsiedlerin«, oder »Moritz Tasso«, ein Stück, das kritischer wirkte als andere im antiken Gewand: einer der kulturpolitischen Irrtümer der Bewertenden; oder unser herrlich komisches Filmskript »Strandkonzert«, das schon deswegen sterben musste, weil Manfred Krug, Wolf Biermann und

Perry Friedman die männlichen Hauptrollen spielen sollten.

Fülle der Erinnerungen, die immer wieder überborden wollen – aber vielleicht schon übermorgen nicht mehr wichtig sind, eingeholt werden von anderen Bildern.

Ich folgte Mattheuers Einladung und besuchte ihn und seine Frau in der großen Wohnung in Leipzig. Sah Kunst, konnte aber nur dummes Zeug von mir geben, über seine Bilder, ihre Grafiken. Nicht, dass sie ausgerechnet von mir eine Meinung oder gar Wertung gebraucht hätten, aber wie soll man in Gegenwart der Künstler vor ihren neuen Werken stumm herumstehen. Vielleicht war ich aber auch nicht so dumm, wie ich heute fürchte. Sie haben mich ja nicht plappern lassen, sondern lebhaft mit mir geredet.

Warum die Malerin vom eigenen beachteten Stil zu Grafiken übergegangen ist, verstand ich in den vielleicht anderthalb Stunden, die ich mit dem Paar verbrachte. Sie »malte auch«, nein, sie hatte gemalt, aber dann zeichnete sie, weil er nicht zeichnete, und also nicht die Gefahr bestand, dass jedes Bild von ihr an seinem Werk gemessen würde.

So kann man jemanden lieben und in aller Ruhe an ihm zugrunde gehen.

Wir redeten irgendwie und immerzu, was heißt: Wir Weiber hörten zu; ich äußerte wenig, darunter nichts, was einer wissen müsste. Die Ehefrau sagte auch was, aber wir beide hingen zusammen wie Blümchen in der Vase. Der Meister sprach, strahlte aus, verkündete, ordnete an, wies nach, forderte, widerlegte, dachte nach – er benutzte uns, die Weiber, als spätere Verkünderinnen seiner Worte.

Das hat er nicht gewusst, nicht gemacht; das war nur so, weil wir so waren, wie wir eben waren, und er, unabhängig von seinem Geschlecht, stark war. Falls auch zweifelnd, dann jedenfalls nicht an jenem Tag. An dem war er zwingend, ausstrahlend, und das war die pure Kraft und Sinnlichkeit.

Nach zwei Stunden holte mich mein Wilhelm ab. Er öffnete für mich die Wagentür, warf einen Blick auf mein Gesicht, fuhr los. An einer Kreuzung hatte die Straßenbahn Vorfahrt, wir standen also, und es war gefühlte Stunden später, als ich sagte: »Nie wieder! Ich kann nicht mehr.«

Was war passiert? Ich bin nur sehr selten in meinem Leben einem Menschen mit solcher Strahlkraft begegnet. Und wir beide waren wieder einmal jene Weibchen, die dafür dankbar kapitulieren.

Und auch so sein möchten. Und so nicht sein können. Und also zeichnen, weil er malt. In seiner Nähe, so empfand ich, gibt es keine andere Aura, die nicht aufgesaugt würde: im Laufe der Zeit vielleicht nicht mal von ihm – das besorgt man dann schon selber.

Im Alter sollte ein jedes Menschenkind lernen, schweigsamer zu werden, sorgfältiger zu wägen – ach du liebe Zeit! Aber erst mal – kein Vorwort!

Manches ist immer noch zu frisch. Wie die Trauer um Annemarie Bostroem.

HEIMWEH UND ERINNERUNG

Wir waren keine reiselustige, aber eine große Familie, die sich im Lauf der Zeit mehrmals veränderte. Da waren wir dann, durch Trennung und Neubindung, ein anderes Elternpaar, und es kamen Kinder hinzu, die eifersüchtig ihren Platz in der Mitte suchten und bekamen, die heranwuchsen und ihre Angst vor Veränderungen nie ganz verloren.

Aber von woher auch immer ich sie an mein Herz genommen hatte, wie viel Kraft es kostete, sie zu überzeugen, dass sie geliebt werden: sie hatten außer unserer Wohnung in der Mitte Berlins ein anderes Zuhause, das sie bis heute lächeln lässt.

Und immer noch erzählen sie mir gelegentlich Pointen und Geheimnisse, von denen ich keine Ahnung hatte, jedenfalls keine Gewissheit. Dabei eint uns eine Art Erinnerung und Heimweh, mit keinem anderen Gefühl vergleichbar.

Die Kinder, aus großer und zugleich enger Stadt kommend, suchten bei jeder Ankunft dort ihre »geheimen« Plätze auf und forschten nach hinterlassenen Spuren vom vorigen Mal. Sie verloren umgehend ihre zu Hause immer auf der Lauer liegende Neigung zur Langeweile. Die Tochter ebenso wie später die Enkelin.

Während des Jahres war es ein Haus, in dem Schreibmaschinen klapperten, in dem gegrübelt, ausgedacht und verworfen wurde, in dem man sich abends zu Gesprächen über die Welt und den Stand der eigenen Dinge traf. Da war das Haus dann eher weitläufig, weil selten ganz besetzt. Aber in den Sommermonaten wurde es ein lebendiges Universum, ein Schloss, eine Burg, ein Ort für nie ausgetragene Sehnsüchte und Suche nach Verständnis. Es war eine sehr bunte Welt für sich, in der man im Liegestuhl fast ungestört lesen konnte oder Freundschaften fürs Leben schließen. Mit Blicken auf den See konnte man aussprechen, was die andere Seele verstand oder ergänzte, aber im Alltag sonst kaum je ausplauderte.

Künstler sind zwar fast alle ziemlich unerträglich auf sich selber fixiert, aber auch durchaus fähig, sensibel und verschworen zu sein. Manchmal, oder wenigstens im Urlaub.

Dort, in der Villa mit dem geliebten Blick auf den Schwielowsee – davor die drei Pappeln – dort bin ich auch Trude Richter begegnet. Sie war Professorin am Literaturinstitut in Leipzig, ein Höhepunkt ihres Lebens, aber wahrscheinlich war sie zur Lehrerin nicht besonders geeignet. Die Weltpolitik hatte ihr eine besonders ausgeprägte Neigung zum Rechthaben eingebläut. Ich habe sie respektiert und nicht gemocht. Mit der zierlichen, ehrgeizigen, durch harten Lebenskampf auch sehr auf ihren Vorteil bedacht gewordenen Elfriede Brüning und der witzigen, drastisch scheinenden, aber herzensguten Berta Waterstradt bildete sie einen eigenen, eigentlich geschlossenen Kreis. Die drei waren von den Nazis verfolgte und wegen Widerstandes bestrafte Frauen, die ihren Begriffen von Ehre und Anstand treu geblieben waren. Das machte den Respekt und die Unzerstörbarkeit ihrer Beziehung aus. Sie liebten es aber auch, über die anderen zu klatschen, nicht immer freundlich – und so mag es ihnen miteinander ähnlich ergangen sein, wie mir mit ihnen. Die Trude hatte ein hartes, altes, unvorteilhaft dick geschminktes Gesicht. Die Wahrheit über ihr Leben erfuhr ich erst, als ich ihre Memoiren gelesen habe, viel zu spät. Gegen ihre kopflastigen Argumente hatte ich meine Sprüche gesetzt oder war geflohen, weil ihre Grundsätzlichkeit nicht zu meiner Vorläufigkeit passte. Sie hat aufgeschrieben, wie sie als Lehrerin in den Zug steigen musste, um ihren Geliebten heimlich in einer kleinen Vorstadt zu treffen. Als junge Lehrerin durfte sie in der Weimarer Republik weder einen Ehemann noch einen nachweisbaren Geliebten haben. Das hat sie geschrieben, aber auch, wie ihr Leben ein Drama auf das andere fügte. Sie war achtzehn Jahre lang in der Verbannung in Sibirien, hatte dort bei schwerer Arbeit kaum genug zum Überleben, und doch und doch – da gibt es etwas in manchen Weibern, das sich nie ergründen und keinen Augenblick lang vergessen lässt: *Die Kraft der Schwachen,* da hat die Anna Seghers recht. Aber die Trude ein weiteres Mal nicht, als sie einem Mann »hoch oben« ihr Manuskript in die Hand legte. Es war ihm »viel zu schade«, es gleich zu drucken, vielmehr ein Schatz, den man im Tresor reifen lassen musste. Sie hat sogar das verstanden, sagte sie, und so habe ich die beiden Bände gelesen, als der Trude für ihre Treue auf Erden nicht mehr zu danken war.

Mit der Elfriede hat mich ein warmherziges Verhältnis mit seltenen Verabredungen verbunden, bis über ihre Hundert hinaus. Sie konnte, was ich nur schlecht kann: über Vorgänge und ihre Meinung ins Unreine reden. Aber lebensklug war sie auch.

Und die Berta war ein Schatz. Leider hatte sie ihr Meisterwerk schon am Anfang ihrer Laufbahn geschrieben. Besseres als die »Buntkarierten« gab es damals nicht, und wie sollte sie diese Arbeit je überbieten.

Aber das alles war ja mittendrin.

Der Anfang muss Ende der Fünfziger gewesen sein. Da erreichte mich eine Einladung des Schriftstellerverbandes, dessen Mitglied oder Kandidatin ich noch nicht war. Auf nach Petzow, denn was immer mich erwartete, ich wollte es nicht verpassen. So fuhr ich von Köpenick mit der Straßenbahn, dann mit der S-Bahn, darauf mit dem Vorortzug, danach mit dem Bus bis zur »Holländer Mühle« und legte dann den Weg bis zum Ziel zu Fuß zurück. Obwohl eigentlich nicht weit, war es doch eine richtige Reise – fand ich, nicht ahnend, wie oft ich in den nächsten Jahrzehnten denselben Weg zurücklegen würde, allerdings etwa ab Mitte der Sechziger mit einem »Trabant«.

Wir waren also eingeladen worden, als Nachwuchs denkbare Autoren und Komponisten, um gemeinsam in schöpferischer Einsamkeit unsterbliches Liedgut aus dem Boden zu stampfen, solches, dessen das Volk offenkundig dringend bedurfte. Lieder über unsere Gegenwart, unsere Meinung, unsere Erfolge. Das kam ziemlich deutlich heraus, bei dem Referat am Anfang. Es wäre doch an der Zeit, unsere Siege zu besingen, das Gelungene herauszustellen. Wie jeder erfährt, sobald er es mit der Kunst zu tun hat, ist das sehr viel schwerer, als sein Leid zu klagen, o nimmermehr getrunken bittren Wein und so, das jammert sich leicht. Aber Erfolge besingen, und wer sollte es nach Beschluss zumindest versuchen? Ich erinnere mich nur an Heinz Kahlau, weil ich den bei besagter Gelegenheit kennenlernte und zu wenig später heirateten wir, wegen einer Wohnung, nicht, weil wir überzeugt gewesen wären, dass es sich um unwiderstehliche Leidenschaft handelte.

Es war Mai, die Wiese erholte sich, so oft und eifrig sie geschoren wurde, und von Petzow bis Werder war ein Duften, dass man am liebsten draußen besoffen herumgetorkelt wäre, statt zu besingen, was wir gerade unternahmen, oder versuchten. Wir, in der Mehrzahl Leute am Anfang eines Weges, der noch nicht absehbar war: Jens Gerlach war dabei, meist schweigend angelnd und manchmal in stummer, aber deutlicher Ablehnung anderer Meinungen. Gerlach, der später die Verse über den

Dorotheenstädtischen Friedhof veröffentlichen konnte und leider, leider die Originale seiner Jazzgedichte unserem Gast aus Paris zum Abdruck zur Verfügung stellte. Der nun ließ die Mappe in einer Gaststätte liegen, und obwohl viele herbeieilten und frühe Fassungen oder Erinnerungen an Auswendiggelerntes zur Verfügung stellten – es wurde nie mehr ein frisches Ganzes.

Wir, das waren Heinz Kahlau und ich; wie gesagt, wir hatten unsere erste Begegnung dort, an jenem Tag, in der Villa. Wie auch gesagt, die Luft war bekifft, der See lag still und ziemlich dreckig, aber das haben wir erst in den späteren Urlauben bemerkt, als wir unsere nun vereinten Kinder abends baden wollten und davon abließen. In all den Jahren blieb die Wanne bis zur halben Höhe braun. In den See sollte man nicht gehen, keinesfalls in ihm schwimmen, nur mit dem Boot befahren, dem intakten oder dem defekten zweiten Boot, aber das ist wieder eine andere Geschichte.

Einschub: Gestern habe ich von meiner Tochter und meiner Enkelin erfahren, dass der See für sie nicht tabu gewesen ist. »Wir sind geschwommen, soviel wir wollten, ihr habt das bloß nicht gemerkt.«

Es sollen auch Erwachsene drin gewesen sein. Wir nicht, außer einmal, da tauchte Manfred Krug zum Besuch auf, mit Ottilie und Jurek Becker, und als es dunkel war, befahl Manne nach seiner Art, dass sofort alle nackig in den See zu gehen haben. Es hat sich niemand widersetzt. Aber ich bin nach kurzem Tunken ausgestiegen, denn der See war damals nicht nur dreckig, er stank auch, und Ottilie Krug war in eine Glasscherbe getreten. Sie führte uns durchaus glaubwürdig und vor allem ihm zuliebe vor, dass sie jede Indianerin an Schmerzverbeißen übertreffen würde. Um diese Anerkennung hat sie seit ihrem sechzehnten Lebensjahr gerungen, denn die war ihrem späteren Mann wichtig.

Alle anwesenden Kinder waren für die Urlaubszeit immer unser aller Kinder, und es sind gewiss nicht die blassesten Erinnerungen, die sie bis heute mit der stillgelegten Kegelbahn, dem immer frisch gebackenen Kuchen am Nachmittag, den Streichen und ihren kleinen Cliquen mit kriegerischen Absichten gegen die jeweils andere verbanden. Wir Erwachsenen machten ähnliche Erfahrungen miteinander. Im Schriftstellerheim am Schwielowsee vorübergehend zu leben, das war etwas anderes, als Kollegen bei Versammlungen, Tagungen oder Empfängen zu treffen. Wo sonst konnte man ins Gespräch vertieft bis zu den Pappeln und wieder zurück laufen, manchmal vom Essensgong gestört oder erlöst. Es war ein Haus mit den bescheidensten Möbeln, die man sich für Zuhause wohl kaum gewünscht hätte: Hellerau-Möbel aus den Fünfzigern. Und kein Telefon, kein Fernseher im Zimmer, da würden die heutigen Kids gleich Abreise verlangen. Komfort gab's nicht, und er wurde kaum vermisst. Es gab einen einzigen Fernseher, mit kleinem Bildschirm und sehr blasser Wiedergabe im Keller mit den unbequemen Bänken und Stühlen. Der Apparat gab zwei Programme her: Ost und West.

Einmal waren wir wieder im Urlaub dort, und regelmäßig, immer vor uns anderen, die vorher ihre Kinder versorgen mussten, saß ein braves sächsisches Ehepaar unten und hatte den Fernseher auf Adlershof gestellt. Zu den blödesten Regeln in der DDR gehörte, dass man in gesellschaftlichen Einrichtungen nicht verlangen durfte, einen westlichen Sender einzuschalten, wenn jemand den östlichen Hauptsender eingeschaltet hatte. Wie pubertär waren wir damals eigentlich? Wir haben nach der Flucht des braven Ehepaares, das wir durch lautstarke Unterhaltungen und Gelächter, Zuwerfen von Obst etc. verjagt hatten, den Apparat wegen allseitigen Desinteresses ausgeschaltet und sind lieber nach oben gegangen, um uns zu unterhalten. Wir, das waren Peter Hacks und Anna, Kahlau, vorübergehend mein Ehemann, nachdem er mir dort, an jenem ersten Beratungsabend, manche Andeutung gemacht und am nächsten Morgen ein sehr sentimentales Gedicht über Kirschblüten (wie traurige Frauenaugen) auf meinen Teller gelegt hatte. Diese Verse haben wir nicht aufgenommen, als wir später am »Fluss der Dinge« arbeiteten, seinem ersten Band, darunter sehr schöne Gedichte.

Die Kinder von damals sind inzwischen auch nicht mehr jung, aber in meiner Erinnerung waren sie wunderbar unruhig, fantasievoll, hatten verständliche Aggressionen beim Wettlauf um das bessere Boot, das von Gruppe Eins oder Gruppe Zwei nur durch noch hastigeres Schlingen des einfallslosen Mittagessens (viel Kalorien und wenig Vitamine) siegreich ins Wasser geschoben werden konnte.

Einmal schlug ich ihnen vor, auf der Zinne, gegenüber dem Haupthaus, das »Schneewittchen« zu inszenieren. Wir ernannten also eine Hübsche, Blonde zur Prinzessin – vielleicht war es die Judith der Küchenmeisters –, und ihr Bruder Daniel wurde wohl einer der Zwerge, aber das weiß ich nicht mehr genau. Prinzessin, wenn du das liest, kannst du es mir ja mitteilen.

Nicht vergessen habe ich den Sohn des Kinderbuchautors Peter Brock, der wurde nämlich, als einer der flippigsten in der Meute, Zwerg fünf bis sieben; das tat er auf einem Plakat kund. Ihm dauerte alles immer zu lange. Was er begriff, musste jeder andere auch verstehen, umgehend.

Ich hatte den Erwachsenen auferlegt, nicht zu lachen, sonst würden sie rausfliegen. Das klappte auch, bis zu dem Moment, wo unser Prinz nach Meinung von Zwerg fünf bis sieben ein paar Minuten zu lange die scheintote Prinzessin bewunderte. Der kleine Brock brach diese

Solostelle ab, indem er sagte: »Kannste ha'm, is wieso doot« … So endete das Märchen damals im Gelächter, auch dem der Prinzessin.

Wir waren am 13. August 1961 in Petzow am Schwielowsee, hatten uns tagelang über Biermann gestritten, den Hacks, Kahlau und ich damals heftig verteidigten, weil der Philosoph Finger ihn angriff – er hatte recht, aber darin waren wir uns erst später einig.

Jemand sagte, sie haben Berlin abgesperrt. Das konnte nicht sein, war schon logistisch nicht möglich. Ein anderer ergänzte, nicht Berlin, sondern die ganze Republik. Das konnte erst recht nicht sein, schon logistisch nicht. Jemand sagte, vorn an der »Holländer Mühle« soll es angeschlagen stehen. Peter Hacks, Heinz Kahlau und ich trotteten dort hin, unterwegs widerlegend, was die Nachricht besagen wollte. Wir lasen, ohne uns informiert zu fühlen. Hacks und Kahlau erörterten auf dem Rückweg die Notwendigkeit einerseits und andererseits das Unmögliche. Damals gab es weder Handys noch Internet, und die Verbindungen nach draußen waren auch über Telefon sehr mangelhaft. Zumal es nur das eine im Büro gab. Mehr als die karge Mitteilung war nicht zu erfahren, also warteten wir auf den Abend, denn das Radio in der Halle war auch gestört. Man kann sich das heute kaum noch vorstellen, aber an jenem 13. August versuchten wir alle, etwas zu verstehen, wofür uns die Fakten fehlten.

Am Abend schneite der Komponist Wolfgang Lesser mit wehendem Trenchcoat herein, hinter ihm seine sehr aufgedrehte Frau Gerda. Er bestätigte die weitestgehende Variante der Nachricht, die wir erwogen hatten. »Und nun«, sagte er bewegt und glücklich, »nun müssen wir umgehend die Lieder machen, die ein solches Ereignis braucht. Darauf haben wir doch lange gewartet.«

Diese und ähnliche Worte der Zufriedenheit sollten uns sofort zum Stift greifen lassen, denn Lesser wollte die Verse an sein heimisches Klavier mitnehmen, und bis zum Morgen sollten sie vertont sein. Ich verfatzte mich und folgte so dem schon verschwundenen Ehepaar Hacks. Wir hatten Kahlau sitzen lassen, was nicht ganz fair war, aber ihm stand ja offen, sich Besinnungszeit zu fordern, und wie lange die dauert, kann man keinem Künstler vorschreiben.

Lesser war jüdischer Emigrant aus verfolgter Familie, Grobheit ihm gegenüber verbot sich. Kahlau hat später behauptet, sein Text wäre ironisch gemeint gewesen, Satire eben, dieses »Klappe zu, Affe doot …«, aber so war es nicht vertont, und so wurde es von den bewaffneten Organen der DDR auch nicht gesungen. Kahlau war offenbar so angeregt, dass er gleich noch einen zweiten Text verfasst hatte, in dem es hieß: »Jeder von uns kann ein Held wie Titow sein.« Ich nicht, Hacks nicht, und von Kahlau war das auch nicht anzunehmen.

Ich habe bis heute nicht gezählt, wie oft wir am Schwielowsee gewesen sind. Es ist ein Ort, auf den ich zeitlebens schützende Finger legen möchte, ein Ort, an dem ich damals und für eine lange Zeit die meisten Bücher gelesen habe. Ich nahm mir einmal Zuwendung für mich selber, habe gelacht und am bittersten geweint. Ich bin aber dort auch Menschen begegnet, die ich nie wieder aus meinem Herzen entließ: wie die zierliche, attraktive Toni Keisch, deren Mann Henryk aus einem Transport nach Auschwitz flüchten wollte, nachdem er als Mitglied des französischen Widerstandes verhaftet worden war. Der Zug rückte an, ein Soldat durchschoss ihm die Lunge, musste dann aber auf den Zug aufspringen. Keisch durchschwamm die Seine, bis nach Paris. Das Wasser hat die Wunde offen gehalten und dem Mann das Leben gerettet. Toni geschah Auschwitz, nur weil sie seine Frau war. Dass sie Jüdin war, erfuhr die Gestapo nicht. Sie wurde Ende des Krieges von den Schweden gerettet, als die eine Gruppe französischer Frauen gegen Medikamente eintauschten.

Wenn wir miteinander sprachen, hatte ich nichts, gar nichts beizufügen, nur zu hören und sie lieb zu haben. Und sie war froh, offene Ohren zu finden, denn in Gegenwart ihres Mannes sollte sie nicht über jene schreckliche Zeit erzählen.

Viriato da Cruz, das war in der Villa eine der großen Begegnungen meines Lebens. Er sprach nicht deutsch, wenngleich einige andere Weltsprachen, über die ich nicht verfügte. Als Gast des Verbandes der Schriftsteller wartete er am Schwielowsee auf den Ruf von zu Hause. Er war einer der Mitbegründer der heimatlichen Befreiungsfront und sollte in Angola einen Ministerposten übernehmen. Aber dort waren die Verhältnisse noch nicht geklärt. Er passte sich hier höflich an und vibrierte vor Ungeduld. Ich spiele gern und schlecht, bin da keine Strategin, sehe nichts kommen und wehre nichts ab, aber wir spielten jeden Tag miteinander Schach, da braucht man nicht zu reden. Er hat immer gewonnen, und auf unerklärliche Weise gelang es uns, aus einem Gemisch von Sprachen genügend Verständliches zu machen. Wir mochten uns, und ehe er in seine Heimat abreiste, besuchte er mich in Berlin. Wir wussten, dass wir uns nicht wiedersehen würden, aber wir waren für eine kleine Lebensweile Freunde geworden, eine Frau und ein Mann auf ganz verschiedenen Barrikaden und dennoch vertraut.

Er wurde Mitglied der Regierung Angolas und ist während einer Reise in China, ungeklärt bis heute, erschossen worden.

Einmal waren wir zu Weihnachten im Schriftstellerheim. In unserer Ehe sah es nicht gut aus. Kinder sind dann unbarmherzig und verteilen Rollen an die Guten und die Bösen. Sie hielten sich bedrängend an mich. Eine ungute Atmosphäre, in der wie ein frischer Wirbelwind am Silvesterabend die liebenswürdige Maxi Wander erschien. Ihr Ehemann Fred Wander, der Jossel, war wie immer: leise, freundlich, ganz aufgeschlossen und zugleich unberührbar. Ein bewundernswerter Mann, Überlebender der Shoah auch er. Sein Buch über den »Siebten Brunnen« handelt von jener furchtbaren Zeit. Fred konnte nichts haben, ohne es zu teilen, das war bei drohendem Tod so gewesen, und es blieb ihm, zu teilen und solidarisch zu sein. Beider Tochter Kitty und meine Kirsten waren gleichaltrig. Deshalb wollte Maxi nach dem Unfalltod ihres Kindes meine Tochter lange nicht sehen. Es tat ihr zu weh. Aber später haben sie sich doch noch einmal in einem gemeinsamen Urlaub am Schwielowsee getroffen. Die schöne, für das Leben und das Schreiben so begabte Maxi hatte die Diagnose der Ärzte erfahren, aber sie wollte den Krebs nicht sofort operieren lassen, sondern »diesen Sommer noch genießen …« Das war ihr Todesurteil. Es war für die Hilfe der Ärzte zu spät. Kurz vor Weihnachten sollte ich einmal, zusammen mit Ria Wiens, der Leiterin unserer Sozialkommission, einen Scheck als Hilfe für das bevorstehende Fest nach Klein-machnow bringen. Wir kamen in ein Trauerhaus, denn in der Nacht war Maxi gestorben.

Aber damals, an jenem Silvesterabend, war noch alles gut. Und Maxi hat die gedämpfte, unsichere Stimmung durchbrochen, für Musik gesorgt, sie hat getanzt und ihren bereits genossenen Schlückchen noch ein paar hinzugefügt. Nein, sie war nicht beschwipst, aber sie gab anderen das Gefühl, es zu sein. Diese Frau hatte eine mädchenhafte Reinheit, bei starkem Intellekt. Sie konnte sich fast alles erlauben, saß auf Kahlaus Schoß und holte ihn aus schlechter Laune, und es war auch richtig, war lustig, war ansteckend.

Ich habe wenige Frauen gekannt, bei denen man nie auf die Idee kam, sie benähmen sich daneben. Sie war auch nicht der Grund, dass ich damals mit den fast erwachsenen Nachkommen der anderen Gäste in die Nacht hinaus lief. Wir wollten reden, Sterne sehn und die Welt verändern.

Dort waren wir alle Gäste und Kollegen, das waren wir. Natürlich hätten wir uns nie so genannt, wenn wir die beiden ehrwürdigen Menschen auf der Terrasse, oder daneben an der Wand, sitzen sahen. Arnold Zweig konnte man immer ansprechen, ich traute mich das zuerst kaum. Höfliche und freundliche Antwort war sicher, aber man tat es halt nicht. Zweig war fast blind und litt darunter. Beatrice, seine Kusine und Ehefrau, las ihm geduldig und schön vor, wenn sie nicht zeichnete. Einmal sagte sie, wir sollten doch mit ihm reden. Er würde das mögen.

Sie erschienen nie im Keller, um die Nachrichten zu hören.

Aber Beatrice ließ uns merken, dass er ganz gern erfahren würde, was es so gibt. »Nur das Nötigste …« Da nahm man sich dann an die Hauswand einen Stuhl mit und gab Auskunft, meist weniger über die neuesten Nachrichten als über sich selber. Er wollte das wissen; woran man arbeitete, welche Absichten vorlagen. Wie es den anderen ging, weiß ich nicht. Aber ich habe immer versucht, scheinbar keine Rücksicht zu nehmen, also ganz normal mit ihm zu reden.

Aber etwas habe ich nie verstanden und kann es nicht vergessen: ein einziges Mal in unserem Leben hatte uns meine Mutter, aus Hamburg kommend, für ein Wochenende dort besucht. Und sie, die nie ein Buch gelesen hat, süchtige Leserin der Yellow Press, olle Klatschtante, ausgerechnet sie fand zu Arnold Zweig eine Art Zugang, wie ich ihn mir nie getraut hätte. Noch Jahre später schwärmte sie von den schönen Gesprächen mit dem »alten Herrn«, wo doch alle andern so langweilig waren. Sie konnte mir nicht sagen, worüber sie denn geredet haben, aber ich hörte ihn lachen und sie schnattern. Wie ich sie kannte, hat sie ihm wahrscheinlich, höchst verlogen, ihr ganzes Leben erzählt. Aber er hat auch geredet, das habe ich aus dem Liegestuhl, leider außer Hörweite, doch gesehen. Und Beatrice hat sehr entspannt gelächelt. Unverständlich, dieser Vorgang, für immer unverständlich.

Einsam musste man in jenem Haus nicht sein. Es gab immer Gespräche, solche, die man stören durfte oder zu denen man eingeladen wurde. Mit den Spielregeln kannte man sich bald aus, so unterschiedlich die Leute waren. Eines Abends, das war vor dem Mauerbau, tauchte Gerhard Zwerenz in Begleitung zweier Männer auf – und am nächsten Morgen war er verschwunden. Es hieß, er sollte verhaftet werden – und von drüben hätte er uns das ja in allen Facetten mitteilen können, aber er hat das nicht getan. Warum man es ihm in Petzow so leicht gemacht hat, einfach aus dem Fenster zu steigen und abzuhauen, das habe ich mir nur als den eigentlichen Plan erklären können. Falls das möglich war, hat Zwerenz durch sein Wirken in der Bundesrepublik seine damaligen Untersteller beschämt.

Nie habe ich erlebt, dass sich jemand dort einquartierte und versucht hätte, den anderen aus dem eigenen Werk etwas vorzulesen. Nicht Walter Kaufmann, nicht Brigitte Reimann, niemand. Nur Hans Marchwitza, der in Potsdam wohnte, sich Arbeiterschriftsteller nannte und irgendwie der Regierung angehörte, betrachtete die dort jeweils Anwesenden als sein potenzielles Publikum. Er wurde jeden Nachmittag im Dienstauto an den See befördert, aß Kuchen, trank seinen Kaffee und packte dann sein Manuskript aus. Hacks verschwand schon beim ersten Mal nach fünf Minuten um die Ecke, Kahlau folgte ihm, und nur ich war erst zu so schnellem

Aufbruch zu feige, aber bald haute ich auch ab. Besonders Neuankömmlinge blieben meist artig sitzen, obwohl sich das Manuskript nicht besonders für Lesegenüsse eignete, und ich habe es auch nie als Buch gesehen: es ging darin um die Unzulänglichkeit der Belegschaft in einem Betrieb und um verjährte Heldentaten einiger Genossen.

Aber eines Abends, und das nur ein einziges Mal, haben wir getanzt. Es war ein Sommer, einer mit besonders vielen Mücken, plagend, obwohl wir damals fast alle noch rauchten. Kohlhaase nicht, der hatte den ganzen Tag an seinem neuen Film gearbeitet und brauchte danach diese besondere Art von Zusammenhocken, wo kostbare Anekdoten federleicht erzählt wurden und geistreiche Debatten zwischen den ausgeruhten Urlaubern stattfanden. Da kam immer die große Stunde meiner Freundin Anna Hacks, da war sie mehrsprachig witzig und schlagfertig, offenbarte nebenbei, wie belesen sie war, und einen Eifer, der ihr fast gänzlich fehlte, wenn sie unter dem liebevollen, aber auch unabweisbaren Druck von Hacks an die Weiterarbeit gehen sollte, denn für ihren mehrteiligen Hörspiel-Zyklus nach »Simplizissimus« fehlte es ihr an Lust und Antrieb. Sie hat es zu Ende gebracht, aber neben dem wie mühelos unablässig tätigen Mann für ihr eigenes Talent genügend Selbstvertrauen zu gewinnen, das gelang ihr nicht. Sie war elegant, dafür scheute sie keine Mühe. Ich fand sie schön, sie war anziehend liebenswürdig und abends unermüdlich, auch dem Alkohol nicht abgeneigt, aber amüsant. Ach, Anna, die ich als Freundin liebte, die ich für ihre Eleganz bewunderte, o ja, bewunderte. Der Regisseur Friedo Solter, damals ein guter Freund, sagte mir eines Tages hart, aber ehrlich, ich solle nicht als schlechte Kopie von Anna reden, sondern bei mir selber bleiben. Das tat weh, aber Anna war sehr ansteckend. Ich habe nur nie einen Menschen gesehen, der so gut ohne jegliche sinnvolle Tätigkeit leben konnte.

Eines Abends also haben wir getanzt, und ich weiß nicht mehr, wer mit mir unter Licht und zwischen Mücken über die Terrasse schob. Es war schön, sehr schön. Kohlhaase hatte Besuch von einer bezaubernden jungen Freundin, sie taten sehr verliebt, und ich beneidete die junge Frau ein wenig für ihre Unbefangenheit, mit der sie im Tanz ihren Körper und den in sie verliebten Mann zur Steigerung ihrer Attraktivität einsetzte. Mir ging es nicht so gut, und es war nötig, mein Leben zu verändern. Ich glaube, wir haben die Beatles gehört, uns nach ihnen bewegt, das fanden nicht alle gut, und es war uns egal.

An jenem Abend war wieder Sommer, der See lag ruhig und dreckig, wie vielleicht heute noch – und wir Erwachsenen waren mal nicht Eltern im Urlaub mit ihren sehr unterschiedlich erzogenen Kindern. Wobei »antiautoritär« nur ein einziges Mal vorkam, aber das arme Kind musste seine Bemühungen, uns alle zu terrorisieren, abstellen. Sie konnte nicht lange nach Belieben auf den Tellern anderer Gäste für sich abräumen. Was derart Betroffene peinlich berührt schweigen ließ, weil die Mama so eitel grinste und nichts dagegen tat, jene Mama, Gefährtin eines Westberliner Feuilletonisten, die so doof war, ihre Tochter »Pulle« zu nennen. Erst haben unsere Kids wohl mit ihr geredet, dann haben sie die zehnjährige Pulle in keine der beiden Cliquen hineingelassen, bittere Strafe. Dieses unerträglich pampige und egoistische Mädchen geriet auf geheimnisvolle Weise in den See, und es gab großes Geschrei. Freiwillig wird sie als Nichtschwimmerin wohl nicht hineingesprungen sein. Mamas Affenliebe überstand auch das. Unsere Kinder nahmen sonst eigentlich jeden auf, aber wir konnten nichts tun, wenn sie nicht wollten, diese kleinen Bücherfreunde, hellwache Menschenkinder, die ihren eigenen Kopf hatten – und ich bin sicher, dass ich zwar mehr weiß als andere, aber alles habe ich bis heute nicht erfahren. Nicht genau, aber es war ja klar, dass jemand sie ins Wasser geschubst haben musste. Meine Tochter hat mir darauf nie geantwortet. Nie, bis neulich. Da hat sie gesagt: »Wer? Na, alle!« Es hätte tragisch ausgehen können. Diesen Gedanken verdränge ich.

Einen Tag vor Heiligabend schlug ich einmal vor, wir sollten einen Weihnachtsbaum für die Tiere schmücken. Man bedenke noch einmal: damals gab es eben nur den einen Fernseher, noch keine Handys, von Ohrstöpseln, Tablets oder Laptops war nicht zu träumen – es blieb uns allen nichts anderes übrig, als uns selber zu unterhalten.

Natürlich waren fast alle Kinder begeistert. Bis auf Michi Baum, der spielte Klavier, wusste alles besser, und sein Intellekt musste sich unbedingt an andrer Meinung reiben. Seine Eltern bewunderten ihren Spätling, das Sonnenkind, das allen anderen mit seinem Selbstbewusstsein auf die Nerven ging.

Wir beluden uns ein Wägelchen mit Gemüse, Äpfeln, alten Zeitungen, ebensolchem Brot und etwas Heu, dann zogen wir los. Ich war froh, dass sich die Kinder bei Vortäuschung heftiger Mitarbeit austobten, und zog die leichte Last durch den Schnee, während mir der kleine Besserwisser unablässig erklärte, warum die Tiere nicht kommen würden: »Sie riechen uns, und wir sind für sie stinkende Jäger …« – »Warum sollten sie unser Futter nicht annehmen?« – »Die Natur sorgt im Winter …« – langweilig. Wir waren angekommen, hielten uns an Sträucher und niedrige Zweige, der Eifer brach aus, aber Michi tat nicht mit, und ich dachte: wär' gut, wenn er endlich die Klappe hält.

Am nächsten Vormittag sahen wir, dass ein halber Apfel zurückgeblieben war, aber die Möhren und das Brot waren verschwunden, befestigtes Gemüse in den höheren Zweigen angebissen, Schleifspuren von Tatzen und Füßchen im Schnee – es war gelungen.

Naseweis stand davor, es kämpfte in ihm, dann sagte er: »Nächstes Jahr komme ich alleine her, und dann mache ich alles richtig.« Auf dem Rückweg nahm er wie selbstverständlich meine Hand und erzählte mir ausführlich über alle Lobe seiner Belehrer. Ich wüsste gern, was aus ihm geworden ist.

Aber damals haben wir an einem Abend getanzt, und alles war, wie es war, und so bleiben konnte, oder sich ändern musste.

Im Schriftstellerverband mochten die Zuständigen nicht, dass wir uns für den Urlaub mit bestimmten Familien verabreden wollten. Auch das wollten besonders die Kinder. Und es gelang uns, immer.

Von heute aus gesehen haben wir alle Jahreszeiten dort erlebt, und aus jeder tragen wir Erinnerungen durch unser Leben. Darunter müssen kostbare gewesen sein, so wie die erwachsenen Kinder über »damals« reden. »Schwielowsee« haben sie den ersehnten Ort immer genannt, niemand sagte »Petzow«. Schwielowsee, das waren Tage, in denen sie so etwas wie Natur hatten, sich fast wie ein Mitglied einer Bande fühlen konnten, mit Geheimnissen leben und sich so benehmen. Und einmal haben sie uns eingeladen, ihre persönlich gefangenen Forellen am Ufer bei Lagerfeuer zu essen. Seitdem weiß ich, dass Forellen sandig sind, sie knirschen im Mund, schmecken aber wunderbar, besonders zu geklautem Brot.

Ich sehe belustigt die Familie von Georg Maurer, die ihn aus Leipzig kommend sonntags besuchen kam, wodurch er sehr unterbrochen wirkte; oder die immer unruhig wirkende Brigitte Reimann, die abends mit den Männern Billard spielte, während ihr nächster Anwärter auf den Ehestand ums Haus streifte – aber sie ist auch viel zu jung an Brustkrebs gestorben, da scheint ihr Lebenshunger wie ein Trost.

Es gab den fast immer angelnden Dichter Jens Gerlach, ein Freund, der zur sehr jungen neuen Frau wechselte, die später, nach seinem Tod und dem Ende der DDR, auf einer Parkbank in London Selbstmord verübte. Sie war stark und begabt, ein helles Menschenkind, und ich mochte sie sehr. Ihr Tod tat mir weh, und ich verstehe ihn bis heute nicht.

Warum weiß ich nicht, mit wem ich an jenem Abend getanzt habe?

Ich weiß es doch. Ich habe mit einem getanzt, der war jünger als ich, und ich wurde viel jünger, als er mit mir tanzte, denn er hat gespürt, dass ich nur scheinbar nicht allein dort war. Es war nur ein Abend, nur eine Sehnsucht, nur ein Beinahe, nur ein kleiner Verzicht. Aber er hatte Folgen.

Als ich dann, später, mit der Familie meines Lebens dort war, hat es für mich keine Einsamkeit mehr gegeben. Aber auch keinen Tanz. Die Zeiten hatten sich geändert. Debattiert wurde weniger im großen Kreis, denn alle Sicherheiten waren aufgebrochen wie unser ganzes Leben. Wir suchten nach einem Anfang und gingen einem Ende zu, aus dem wir nun etwas machen sollten. Das haben nicht alle geschafft.

Es hat Liebesgeschichten gegeben, die begannen dort und haben glücklich geendet. Andere gingen als Erfahrung mit, und einige taten gleich und für immer weh. Sie wurden mir erzählt, und ich habe mich gehütet, sie auszuplaudern. Dazu waren die Leute, denen sie widerfuhren, zu bekannt, und lagen mir am Herzen. Annemarie Auer, eine der klügsten Frauen, denen ich je begegnet bin, hat sich dort das Herz brechen lassen. Aber sie hat selber darüber geschrieben. Und sie war stark genug, später, wehmütig lachend, spöttisch zu sein.

Das Haus ist geschlossen, an sehr fremde Hände verkauft, oder verschenkt worden, was weiß ich. Manchmal dachte ich, dass ich noch einmal dort stehen möchte, an der Tür zur Veranda, wo ich bei meinem ersten Besuch zwei Männer, ins Gespräch vertieft, erlebte. Sie sprachen über die drei Pappeln. Der eine meinte, der andere solle doch wahrnehmen, wie sich die stärkeren beiden Pappeln, außen, um den schwächeren Gefährten in der Mitte kümmern, welch ein mahnendes Gleichnis ... oder so. Ich dachte, was für'n Quatsch. Der in der Mitte hatte von Anfang an zu wenig Platz, nun konnten sich die beiden anderen eben ausbreiten, er leider nicht.

Meine Tochter sagt, sie habe sich mit ihrem Mann noch einmal heimlich hineingeschlichen. Und? Naja, hat sie gesagt, und dass sie geweint hat. »Man erkennt es nicht wieder. Die haben alles rausgeschmissen.«

Meine Enkelin Laura Marie hat sich mit Benjamin getroffen, den sie damals ganz schön gern mochte, naja, beide zu jung. Sie sind mit einem Boot zur alten Anlegestelle gekommen, bis zu dem Schild: »Betreten verboten.« Sie hätten sich schon getraut, aber sie schützten ihre Erinnerungen. Welche? Sicher zum Teil andere als die unseren. Wir Älteren hatten ja keine Clique, hatten keinen, der mit uns noch einmal im Boot dorthin rudern würde. Wir wissen ja, was uns empfohlen wird: »Betreten verboten.« Statt: »Hier war es mal schön.«

Adieu, das war es wirklich, und es wurde geliebt. Meine Erinnerung sagt, dass alles, alles richtig war.

Dreh ich mich noch einmal um? Und was würde ich dann am liebsten sehen wollen? Alle auf der Terrasse, die damals zu Gast waren. Dünne Lorke als Kaffee am Nachmittag. Ruhige, friedliche Stimmung. Vor den Tischen läuft Mirko, mein dreijähriger Pflegesohn, den ich geliebt habe, mein schönes Söhnchen, der auf einmal langsam läuft, in die Hände klatscht und tanzt, einfach tanzt, ganz leicht, und als wäre er ganz allein. Ich sehe, wie Hacks die Augen weitet, den kleinen Kerl anguckt, anstaunt, und er, der angeblich nie ein Kind wollte, versteht, fühlt, macht gar nichts.

Dem einen Bild könnten andere folgen.

Was sagte meine Tochter Kirsten nach mehr als fünfzig Jahren über jene Zeit und Vergangenheit?

»Ich war zehn oder elf Jahre alt, als Mirko zu uns kam. Von meiner Mutter wusste ich über die seltsamen Zusammenhänge seines Auftauchens. Ich war entzückt von ihm. Nicht nur, weil er der ›Schwarze Bruder‹ war, den ich mir sehr gut vorstellen konnte, da alle meine heimlichen Wünsche, selbst entweder afrikanischer Herkunft zu sein oder wenigstens jüdischer, somit ein bisschen in Erfüllung gingen. Nein, das war es nicht allein. Mirko war ein zauberhafter, beeindruckender dreijähriger kleiner Mann. Seine Männlichkeit war schon ebenso zu erkennen wie seine Ernsthaftigkeit. Aber nicht, wie man meinen könnte, aus ›tragischem Schicksal‹ geboren, sondern: er war einfach so. Wenn er einen ansah, so war es, als wenn er zu ergründen versuchte, was man dachte, und warum.

Dass Christine ihn nicht mochte, zeigte mir nur ein weiteres Mal, wie verschieden wir waren. Ich wollte nur gut zu ihm sein, ihn beschützen, auch ein bisschen mit ihm »angeben«. Ich war stolz, so einen Bruder zu haben.

Christine hingegen, erst mit vier Jahren zu uns gekommen, sah ihn als Eindringling, als Feind, eine Bedrohung ihres Platzes in der Familie, der man mit aller Kraft entgegentreten musste. Mit Freundlichkeit, mit Liebe und mit vielerlei Erklärungen war dagegen nichts zu machen.

Das war wohl auch der Grund dafür, dass meine Mutter und Heinz Kahlau sich für Christine und gegen Mirko entscheiden mussten. Als seine Mutter aus dem Leben ging, hatte sie einen Brief hinterlassen, in dem sie ihren Sohn meiner Mutter anvertraute. Die hatte ihn an ihr Herz genommen und trennte sich von ihm, um das schwierigere Kind zu retten. Es war ein Sommertag, an dem meine Mutter mit Mirko und mir einen Spaziergang machen wollte. Er wollte nicht an die Hand genommen werden. Die Schönhauser Allee muss auf ihn wie ein riesiger Rummel gewirkt haben. Autos, Menschen, zwei Straßenbahnen, zwei U-Bahnen überirdisch und tausend Läden.

Meine Mutter beschloss, ihn allein laufen zu lassen. So zog er neugierig los, wir in sicherer Entfernung von ihm, ihn nicht bedrängend. Er eroberte sich diese Straße, fast wie ein Feldherr, der sich ein neues Reich ganz in Ruhe, aber sehr aufmerksam ansieht.

Erst vor einem Überweg für Fußgänger blieb er stehen, sah sich nach uns um und ergriff unser beider Hände.

Ich denke daran, wie qualvoll es für ihn gewesen sein muss: er war ein Ekzemkind. Meine Mutter konsultierte Ärzte und Apotheker, nichts half. Er musste ständig gesalbt werden, so wie später meine eigene Tochter. Mirko jammerte nie, ertrug alles mit Engelsgeduld. Ach, was für ein Schatz. Ich war sehr traurig, als wir uns von ihm trennen mussten.

Bei einem späteren Besuch in seiner neuen, sehr liebevollen Familie freuten wir uns, aber ich war auch eifersüchtig.

Ich weiß, wie alles kam, und warum es nicht ging, aber für mich ist er mein Bruder geblieben. Er ist Arzt geworden. Das kann ich mir sehr gut vorstellen.«

Nicht trauern. Fortgehen und bewahren. Und nicht wiederhaben wollen, sondern dankbar sein.

ÜBER DIE BIERMANN-LEGENDE

Anfang der sechziger Jahre bekam ich einen neuen Freund. Damals war ich leicht zu begeistern, und der neue Freund bot dafür Anlässe. Wolf Biermann kam als junger Kommunist aus Hamburg in das »bessere Deutschland«, zunächst als Gast, dann als Bürger, stellte sich also unter die Gesetze dieses Landes – was für eine begeisternde Entscheidung. Damit alles so schön blieb, brauchte er gute Freunde. Kahlau und ich liebten Lieder und die anderen schönen Künste, waren beide begabte Wichtigtuer am Anfang einer möglichen Karriere, also schwelgten wir in Plänen und setzten einige um. Der Barde war eher klein und hungrig, für einen Studenten – Wunschstudium: Philosophie! – nichts Besonderes an unserem beliebten Freitisch.

Es gab viele Gründe, den selbstbewussten Neuen zu verteidigen, auch gegen Mahner, die ihn zu frech, obszön und anmaßend fanden, auch unerträglich eitel.

Das war er freilich. Aber die Mauer war gebaut, ihre Nötigkeit eingesehen, jedenfalls von uns. Wir fanden nur, dass es enger wurde, ideologisch, geistig und kulturell. Das hatten wir uns anders erhofft. Frischer Wind tat gut, und es hätte doch ein wenig entspannter sein können. Nun hauten die Absolventen nach teurer Ausbildung nicht mehr sofort ab, wir wurden nicht mehr alltäglich ausverkauft, und nach draußen funktionierte der antifaschistische Schutzwall fast perfekt. Nach innen, rein zu uns, konnte allerdings fast jeder.

Eben auch dieser begabte junge Kommunist aus Hamburg, der einzige Sohn eines ermordeten jüdischen

Widerstandskämpfers. Welch ein »Enkel« für unsere alten, oft einsam gewordenen Antifaschisten, Politiker wie Künstler.

Wir dachten nicht darüber nach, als er sofort eine komfortable Wohnung bekam, eine, die später für eine große Familie reichte. Sein Auto hatte er mitgebracht, er verdankte es sicher Emma, seiner lebensstarken Mutter, deren einzige schwache Stelle die Liebe zum Sohn war.

Ich lernte diesen jungen Wolf kennen, als ich mir für eine Anthologie ein paar Liebesgedichte aussuchen wollte. Das fand ich wichtig, denn Liebesgedichte waren gerade offiziell als überflüssig beschimpft worden: kleinbürgerlich, Liebe ist schließlich Privatsache, so wie Kleingarten. Wir brauchen revolutionäre Begeisterung unserer Künstler, nicht sentimentales Rumdichten über Gefühle. So etwa hatte es auch in der »Neuen Deutschen Literatur« gestanden. Dagegen wollte ich etwas tun. Und es kam auch zu einer ersten Auflage, mit Gedichten von sechzehn Dichtern der DDR, von Maurer bis Biermann, und Zeichnungen unserer Maler und Grafiker. An einer Zeichnung von Harald Metzkes und einem Gedicht von Biermann ist die zweite Auflage gescheitert. Ich machte mich sofort an die Arbeit für ein neues Buch zum selben Thema, diesmal ohne Gedichte von Biermann. Warum? Darum geht es, das ist die Geschichte. Aber ich bin noch bei der Freundschaft.

Wir haben in der Belforter Straße in Berlin einen Saal ausgebuddelt, mit Schippe und Besen. Ronald Paris war dabei, Heinz Kahlau, auch Biermann, der sang zu unserer Arbeit. An viele andere Helfer kann ich mich namentlich nicht mehr sicher erinnern.

Wir führten die Erstpremiere des Stückes »Der Schuhu und die fliegende Prinzessin« von Peter Hacks auf. Es war ein großer Erfolg, so wie unsere Freundschaft mit Biermann. Wir hörten oft das jeweils neue

Lied als Erste und bewahrten es auf Band. Die U-Bahn in der Schönhauser ist darauf zu hören, und unser Beifall, unser »Bravo«. Heinz Kahlau und ich organisierten in Herbert Sandbergs Veranda ein vormittägliches Sonderkonzert mit Manfred Krug, Wolf Biermann und Perry Friedman. Illustres Publikum sollte Ruhm verbreiten.

Krug und Biermann konnten sich sofort nicht ausstehen. Platzhirsche, die den anderen als Dieb der Zeit für eigene Darbietung sahen. Das blieb auch. Sie wussten damals ja noch nicht, dass Biermann einmal den Nagel bieten würde, an den sich der eigene Hut hängen ließ. Als Krug viel später ausreisen wollte, lange und gut vorbereitet, hat er Biermann zum Opfer der DDR und zu seinem Freund erklärt.

Aber zurück zu den schönen Anfängen. Ich wollte Biermann bekannt machen, und da wir Krug gerade mit der Hauptrolle in »Auf der Sonnenseite« durchsetzen konnten, hielten wir uns für stark. Perry Friedman allerdings war für gemeinsame Veranstaltungen mit den beiden anderen nicht mehr zu gewinnen, er hielt sie für politische Spinner und förderte lieber die Singeklubs. Ohne die zu kennen, nannte Biermann die jungen Leute, die auch sangen und Lieder schreiben wollten, »Kaiser-Geburtstagssänger«. Nun, an seine Vorbilder konnten die natürlich nicht ran. Er hielt sich an Brecht, an Bellman und Villon, Heine und Rimbaud. Seine Vorbilder waren, Zitat: »… auch so direkt, so unverschämt.«

Wir waren Freunde, und also öffnete ich auch um drei Uhr nachts die Tür, als Biermann schwitzend erschien und mich an die Schreibmaschine drängte, um seinen grad in einer Veranstaltung gesungenen Text umzuschreiben. Er war sicher, dass beim Heimkommen die Stasi auf ihn wartete, und er musste sie mit dem geänderten Text überzeugen, dass sie sich verhört hatten. Also habe ich den originalen Text versteckt, denn ich dachte, begabte Leute müssen übertreiben, und es tut nicht gut, wenn die Eierköpfe sie schon beim Über-Mut abgreifen. Zu viele Begabte waren weggegangen. Von jenem Plenum, das in der Kultur rundum Opfer kostete, soll hier nicht die Rede sein.

Biermann gab sich wenig Mühe, die Paten seiner Lieder zu verschleiern, er ahmte nach oder nahm fast wörtlich. Seine »Kompositionen« ähnelten sich, aber sein Ganzes war originell, sehr sinnlich und anders, neu und frisch.

Er wird sich noch zügeln, dachten wir, und nahmen ihn mit zu Veranstaltungen, zu denen er nicht geladen war. Wir verlangten vor Ort, ihn auftreten zu lassen, sonst würden wir streiken. In Halle waren Rainer und Sarah Kirsch dabei und erpressten ebenfalls. Erik Neutsch versuchte, uns gütig, nachsichtig sogar, von unserem Vorgehen abzubringen, aber wir gaben nicht nach. Biermann war dann nicht wieder von der Bühne zu kriegen – und die Leute wollten ihn hören, ihn, nicht uns.

Wenige Tage später trugen wir in einem Vorort von Berlin unsere Beiträge zuerst vor, damit er dann das Publikum nach Belieben unterhalten konnte. Nach dem dritten Lied forderte er die Anwesenden auf, endlich mal die Regierung abzusetzen und die Mauer einzureißen, sie sollten nicht so feige Arschlöcher sein.

Das war unsere letzte gemeinsame Veranstaltung. Ich dachte damals, dass manche kritische Biografie über einen Künstler wohl noch sehr milde ist. Mir fiel zum ersten Mal auf, wie schnell Biermann mit dem erwünschten Tod anderer zugange war. Er ist jung, schränkte ich das Unbehagen ein, ein Hitzkopf, ein übertreibender Idealist. Er sieht sich umstellt von Gegnern. Auch Feinden? Wer waren die? Das hätte ich gern gewusst. Frauen waren entweder seine potenziellen Geliebten, auf deren Nacken er gern seinen Fuß setzte, oder er denunzierte sie als dumm, dick und überflüssig. Ein Teil seines Charakters aber schien es zu hassen, wenn er seinen Willen bekam und sich nach neuer Schwierigkeit umsehen musste, die es wiederum zu zerstören galt.

Ich ging den Verlagen in Berlin auf die Nerven, bis mir der Chef des Verlages »Das Neue Berlin« zusagte, einen Band Balladen von Biermann zu veröffentlichen.

Das teilte ich am Telefon dem Künstler mit, freudig. Seine Antwort war: »Bist du wahnsinnig? Ich habe die Rechte längst an Wagenbach in Westberlin gegeben und nicht die Absicht, in der DDR etwas zu veröffentlichen.« – »Und warum hast du mich losgeschickt?« – »Ich dachte doch nicht, dass du es schaffst.«

Nicht deswegen habe ich Biermann Anfang 1963 aus meinem Leben entfernt. Es war auch nicht, weil ich merkte, dass Biermann uns ständig belog. Er versorgte uns ausschließlich mit Informationen, die für ihn nützlich waren. Und blieb uns gegenüber nur der verwaiste, selber verfolgte Judenjunge, der für jede Hilfe dankbar war.

Es war der Abend, an dem Ernst Busch in der Akademie der Künste von der Öffentlichkeit Abschied nahm. Wir waren mit Blumen dabei und mit unserem Dank für ein großes Leben. Singen konnte Busch nicht mehr, seine bekanntesten Lieder wurden eingespielt.

Am Schluss stand Biermann an der Tür. Er lud uns und einige andere in seine Wohnung ein; man müsse ja etwas tun, um sich über den Schwachsinn und Kitsch dieses Abends gegenseitig wegzuhelfen. Das sagte er laut, noch innerhalb des Raumes. Warum waren wir so blöd, hinzugehen? Wir hatten einen Schriftsteller aus Rumänien zu Gast, vielleicht deshalb. Alle saßen auf der Erde, und Biermann schüttete sich aus über Busch, der noch nie was konnte: ... Erster Akt!

Ich erzähle das nicht gern, aber es war so.

Zweiter Akt:

Biermann kündigte uns die Premiere seiner Lieder vom großen DraDra an, also seine Drachenlieder. Es war kurze Zeit nach der sensationellen Premiere des Stückes von Jewgeni Schwarz im Deutschen Theater.

Ich habe Biermanns Drachenlieder gehört. Und hielt das nicht aus. Nun war es nicht mehr schöpferischer Zorn, es war unkünstlerischer Hass, Wut, Mordlust – es war unerträglich persönlich, eigentlich privat. Gegen wen richtete sich solche Wut? Bürokraten, Funktionäre – genauer kriegten wir es nicht.

Ich bin vor der Diskussion gegangen, allein und sehr uneins mit mir.

Es ging also um Bürokraten, um Leute, die in Sesseln sitzen, die wollte er lebendig begraben, auf die Schnauze hauen, aufhängen. Mindestens.

Er wurde sicher rund um die Uhr abgehört. Aber was haben die Zuständigen mit den Informationen gemacht? Mich hat bei meiner Bettelei um seine Karriere niemand aufgehalten.

Aber der Barde bremste meinen Eifer. Noch immer war er nicht ohne Gitarre unterwegs, und meist hatte er ein kleines Stühlchen bei sich, auf dem er sich jemandem zu Füßen setzen konnte, um, psychologisch raffiniert, aufblicken zu müssen, sich scheinbar zu erniedrigen. Dabei war Biermann feige. Nicht er selber zog mit den Farbeimern los. Er schickte junge Leute in Mutproben, die ihnen allerdings gerade recht waren. Einige kamen aus intellektuellen, antifaschistischen Familien, in denen häufig die häusliche Rede über die Politik der DDR nicht zum öffentlichen Auftreten passte. Ihre gelangweilten Kinder haben aber nicht zu Hause, sondern für Guru Biermann aufgetrumpft – in der Universität, auf der Straße, mit offenem Aussprechen oder dummer Provokation. Unter Benutzung von verfälschten Zitaten der humanistischen Klassiker. Einige junge Leute wurden kurzfristig eingesperrt oder flogen von der Schule. Das nahmen sie alle – damals noch! – auf sich, um nicht hinter Biermanns Mut zurückzustehen.

Den gab es nicht. Wir wussten nicht, warum der Geduldsfaden so lang war. Wir erfuhren erst nach seiner »Ausreise«, welcher Dank da von einer Ministerin an die Mutter von Biermann abgestattet werden sollte. Als auch Margots Vater den Nazis zum Opfer fiel, nahm Emma das Kind auf und zog es liebevoll, wie eine Tochter, groß. Die Väter waren Genossen und Freunde gewesen.

Biermann folgte also der Einladung seiner Ziehschwester und kam in die DDR, nahm, was er kriegen konnte, und tat den Undank und die Narrenfreiheit oben drauf.

Seine Wohnung hatte er zu einem internationalen Treffpunkt und einer medialen Produktionsstätte ausgestaltet. Die westlichen Journalisten und Produzenten gingen bei ihm ebenso ein und aus wie all die unzufriedenen Begabten, die in der Chausseestraße geistige Erbauung im Widerstand gegen die DDR fanden. Auch Anknüpfungen an den ersehnten Markt in der »Freiheit«: Zeitungen, Medien und Verlage. Auch das muss bekannt gewesen sein, jedenfalls setzte Biermann es voraus und amüsierte sich darüber. Gesetze? Die interessierten ihn nicht. Später hat er geschrieben, er habe Manuskripte im märkischen Sand versteckt. Kopien vielleicht, denn es standen immer genügend Empfänger für den Transport bratwarmer Ware nach drüben bereit. Zumal er darauf baute, dass die DDR es sich wegen der großen Augen der Weltpresse nicht leisten konnte, ihm etwas zu verweigern oder gar anzutun. Seine Absichten und Handlungen und das Verhalten der alten mächtigen Männer in der Partei und der Regierung trafen zu einer gefährlichen Mischung und einem Stillstand zusammen.

Ich habe ihn noch einmal besucht und wollte ihm sagen, dass ich unsere Freundschaft aufkündige. Aber da schneite Professor Havemann herein und erzählte lachend, dass er in der Akademie der Wissenschaften eben aus der Partei geworfen worden war. Wie schwer die sich damit getan hätten, wie sie gedruckst, und auf ein alles wendendes erlösendes Wort von ihm gewartet hätten. Die beiden Männer lachten und lachten. Mir war es peinlich, und manches tat mir weh, aber ich fühlte mich Havemann gegenüber nicht ermächtigt, nicht kompetent genug, um zu streiten.

Ich habe Biermann nicht wiedergesehen. Dem ging noch etwas voran: Ihm war klar, dass einige alte Kämpfer mit der defensiven Politik der »Führung« nicht zurechtkamen. Er suchte die alten Männer mit den berühmten Namen auf und legte im Namen seines Vaters sowohl seine grenzenlose Verehrung als auch sein Verständnis der Konflikte in ihr Herz. Und sang und sang. Sie holten dann den Bittersaft ihrer Tagebücher und nicht verwendbaren Ideen aus dem untersten Fach und lasen vor, was zur Zeit nicht für das öffentliche Auge bestimmt war.

Biermann hatte ein glänzendes Gedächtnis. Er ging davon und machte sich Notizen. Aus dem Material der Aufgesuchten und Getäuschten knüpfte er ein langes Lied, in dem er sie alle offenbarte und denunzierte, sie zynisch aburteilte. Dieses Lied schickte er auf einem Tonband an Klaus Gysi, den damaligen Kulturminister.

Nach der Ablieferung rief Biermann mich an und erzählte mir von seinem Coup. Ich sagte: »Aber das ist Verrat.« Er sagte: »In der Politik ist Verrat ein Mittel wie jedes andere.« – »Und warum erzählst du mir das?« Seine Antwort: »Weil du ein Weib bist und es herumtratschen wirst.«

Ich habe es niemandem erzählt. Erst Jahre später traf ich Klaus Gysi bei einer Veranstaltung. Wir standen gelangweilt am Buffet, allein. Ich fragte: »Was hast du eigentlich mit dem Tonband von Biermann gemacht, damals?« Er sagte: »Ich habe ihm einen Brief geschrieben. Dass durch ein technisches Versehen beim ersten Abspielen das Band leider unbrauchbar geworden ist. Und er möge von weiteren postalischen Sendungen absehen.« Ich glaubte ihm und habe ihm das nie vergessen.

Dass Freundschaften wegen Biermann auch unter den Schriftstellern zerbrochen sind, dass wir uns nach seiner »Ausbürgerung« alles gesagt haben, was lange vorher schon auf der Zunge lag, das war dramatisch. Denn der letzte Schachzug von Biermann war, dass er jedem, der schon lange nach einem Absprung gesucht hatte, den Vorwand für die Ausrede lieferte. Und wir, als Mitglieder des Vorstandes, bekamen von der Partei den Auftrag, unseren Kollegen, auch Freunden, das auszureden. Wir haben uns lächerlich gemacht und konnten darüber in den Westzeitungen lesen, die uns anonym zugestellt wurden. Widerlegen durften wir nichts, wir durften uns nicht wehren. Nicht einmal in einer Anglerzeitung hätten wir uns verteidigen dürfen. »Wir tragen doch unsere schmutzige Wäsche nicht vor den Klassenfeind.« Doch, das geschah, aber wir durften nicht aufdecken, was wir wussten, keinen Einspruch erheben gegen den Vorwurf, wir seien nur zu feige gewesen, die undurchdachte Kampagne für Biermanns Rückkehr zu unterstützen.

Lange vorher hatte es einer der Funktionäre der Partei, Konrad Naumann, auf den Punkt gebracht: »Es gibt drei Dinge, die wir nicht überleben würden: Wenn wir die Hundesteuer erhöhen, einen Feiertag abschaffen oder den Biermann einsperren. Dann gibt es einen weltweiten Kampf, wie um Angela Davis.«

Nicht ganz so ist es gekommen. Biermann hat es geschafft, dass der DDR nichts anderes blieb, als den Sohn eines ermordeten Widerstandskämpfers, Jude noch dazu, entweder ein – oder auszusperren.

Max Frisch nannte Biermann, nach einem Besuch, »Clown« und »Poet«. Hacks, aufgesucht, um konterrevolutionäre Pläne zu schmieden, warf ihn raus und hieß ihn einen wichtigtuerischen Quatschkopf. Und zahlte diese Meinung, nach Veröffentlichung, mit einem Boykott seiner Werke – weitgehend bis heute.

Herr Wowereit hat Wolf Biermann zum Ehrenbürger der Stadt Berlin ernannt.

KÄSEBLEICH UND
BRAUNGEBRANNT

Es war einmal in einem Land, das fast immer tags an zu viel Sonne litt, während es oft nachts schien, als habe es nie bedrängende Hitze gegeben.

Es trafen sich ein dunkelhäutiger, ein sonnengegerbter und ein käsebleicher Mann. Sie betrachteten einander mit den Augen jahrhundertealter Erfahrung, und ihre Blicke zeigten, dass sie dem, was zu sagen war, wenig Erfolg beimaßen.

Der Käsebleiche sagte: »Wir wollen alles behalten, und es ist nicht unsere Schuld, dass wir es besitzen. Wohl sehen wir ein, dass wir weniges ändern müssen, aber das will lange bedacht sein.«

Der Sonnengegerbte meinte: »Dieser hier will uns das biblische Maß nicht einräumen. Wir könnten ihm die nächsten dreißig Jahre seines Lebens sehr böse gestalten. Vielleicht wäre er danach froh, es zu haben wie jetzt. Er kann schreiben und lesen, und ein Papier macht ihn zum Anwalt. Das ist eigentlich schon zu viel.«

Der Dunkelhäutige sagte: »Die Zeit ist reif. Wer alles behalten will, ohne am Unrecht des Besitzes etwas zu ändern, der wird alles verlieren.«

Der Käsebleiche sagte: »Predigt er das den Seinen, lassen wir ihn verschwinden, ehe der Aufruhr uns zu Schlimmerem zwingt.«

Der Dunkelhäutige sagte: »Jeder Tropfen Blut dringt in die Erde und tränkt einen Halm, aus dem ein kräftiger Stamm wird, geeignet, den Nachgeborenen Früchte zu tragen, dem Unterworfenen zum Knüppel zu dienen oder Schaft zu werden an einem Gewehr.«

Käsebleich sagte: »Letzteres wollen wir nicht. Aber höret, er hat uns gedroht. Handhabe ist gegeben. Wir könnten ihn weit fortschaffen, wo kein Laut nach außen dringt. Er hat Frau und Kinder. Sie ist jung und hübsch, auch solche Sorge kann einen Mann abbringen von der Vorstellung, er könne die Welt verändern.«

Einer warf ein: »Bedenkt auch, er stammt aus königlicher Familie, und es hat ihn nicht aufgehalten. Schwarzer Mann, ehe du uns ein solcher wirst, sollten wir nicht zimperlicher sein als deine Gedanken. Auf eine Insel könnten wir dich schaffen, in Drangsal und Einsamkeit, fern von den Lieben, ein unerforschliches Ende immer nah vor den Augen, da kommst du zu dir selber und zu Einsichten, an denen es dir mangelt.«

Der Dunkelhäutige hielt ihren alles gestehenden Augen stand und sagte: »Ihr habt auf ererbtes Unrecht das eigene gehäuft. Ihr nennt Eingeborene, die ihr auf unfruchtbare Äcker verwiesen habt und in demütigende Gesetze und Fehden verwickelt, bis sie ihre Kraft von euch abgewandt haben. Sie sahen im Nachbarn den Feind und im Hunger die Strafe Gottes, die ihnen Krankheiten und frühen Tod brachte. Ihr seid nicht als Gäste und Mitbewohner gekommen, sondern als Herrn über Wehrlose. Ihr habt sie so lange in Niedrigkeit und Unwissenheit gehalten, bis der eine oder andere sich eurer Bildung bemächtigte. So kam das Ende eurer Überlegenheit. Oder wenigstens der Anfang vom Ende.«

Der Käsebleiche sagte: »Der Köcher unserer Pfeile ist noch gut gefüllt. Aufrührer jeder Art können wir noch brennen, peitschen, hängen. Mit den Händen deiner Brüder und mit Geld aus der ganzen Welt können wir mehr Gefängnisse als Kirchen bauen, auch den Bann aussprechen, sodass, wer putschen will, sich nur noch zu Hause aufhalten kann. Auch nicht sehr unterhaltsam und schlecht für Absprachen gegen uns.«

Der Sonnengegerbte sah dem Dunklen in die Augen und sagte: »Es ist zu spät, ihn unauffällig zu töten. Die Welt weiß ihn, und wenn wir ihm auch leicht ein todeswürdiges Verbrechen nachweisen könnten, so gewinnen wir damit nur Zeit.«

Käsebleich sagte: »Aber das ist es, was wir brauchen. Zeit! Es darf uns nichts um die Ohren fliegen, ihm niemand als die schwache Kreatur und etwa wegen der Familie beistehen, er muss aus den Augen, aus dem Sinn, und auf Wiederkehr darf keine Hoffnung sein. Ich kenn ihn ja weiter persönlich nicht. Vielleicht ist er so zu knacken.«

Der Sonnengegerbte sinnierte: »Sein vollständiger Mangel an Stimme für die Welt muss für eine Generation andauern, also für dreißig Jahre. Dann ist er alt, gebrochen und dankbar.«

Käsebleich warf ein: »Torturen?«

Der andere: »Nur durch die Lage erklärbare. Mangel an Leben, nicht Tod. Das hat noch jeden gebrochen. Wir wollen alles behalten und müssen also etwas ändern. Warten wir zu lange, wartet die Welt, dieses sentimentale Kind, auf seine Wiederkehr.«

Käsebleich hob die Hände: »Was sollen wir tun? Hinter seinem Rücken wird seinesgleichen sträflich handeln, schuldig und mitschuldig werden.«

Der Sonnengegerbte meinte: »Immer in seinem Namen. Vielleicht ist es zu spät. Wir können beginnen, aber wir müssen sehen. Eines Tages hat er einen runden Geburtstag. Vielleicht ist er besonnen geworden, freundlich, süchtig nach Frieden, nicht für die Welt, sondern für sich. Ungeachtet seines eigenen unguten Loses, predigt er, möglich, noch immer Güte und Gerechtigkeit. Bedenkt, es gibt die Medien ...«

Käsebleich meinte: »Große Stadien und sehr laute Musikanten?«

Der Sonnengegerbte: »… die zigtausend Anwesenden nicht nur in die Ohren brüllen, sondern was hören wollen. Zu den Millionen an den bebilderten Schirmen wird es dringen. Free Free werden sie schreien, und sein Bildnis in die Augen von eben noch freundlichen Passanten drücken, bis auch die meinen, etwas unternehmen zu müssen. Wenn wir das nicht verhindern, werden sie sich und den Leuten zu Hause Tränen in die Augen treiben und sie einander trocknen. Sein Name gibt noch dem fernsten Kuli Auftrieb. Was also willst du, schwarzer Anwalt?«

»Recht und Gerechtigkeit«, sagte der.

»Darüber verfügen wir nicht«, sagten die anderen wie aus einem Munde und mutmaßten, sich ablösend: »Leiden häufen? Es Jesum gleichtun und predigen, auf geheimen Kanälen Zuversicht verbreiten und hastdunichtgesehn vielleicht Präsident werden, Rache, oder vielleicht gerade nicht, damit du den Friedensnobelpreis abfassen kannst … und alles!«

»Nanana«, sagte einer, dessen Namen wir auch nicht mehr kennen, »so weit wird es doch nicht kommen … wenn wir klug sind! Kann natürlich sein, er wird aufgehalten von den Wütigen und wild Entschlossenen, die ihm auch ihre Mäuse vor die Katernase legen wollen …«

Der Käsebleiche hatte eine Weile geschwiegen. Nur sagte er: »›Was tun?‹ hat einer gefragt, der die Sowjets erfunden hat. Ist auch gescheitert nach dem großen Gerenne. Das Winterpalais oder die Bastille stürmen kann jeder, aber dann kommen die vielen kleinen Schritte, dann brüllt nur noch das Büro, der Alltag hat noch jeden Heroen entmannt.«

»Er ist ja keiner«, meinte der Sonnengebräunte, »… das eben ist das Gefährliche an ihm. Seine Hände sind ruhig, seine Blicke stet, er stürmt nicht ... seht ihn doch an.«

»Nun«, sagte Käsebleich, »machen wir aus ihm auch keinen Mann des Jahrhunderts. Lassen wir ihn gehen und als Anwalt der kleinen Leute hinter einem Aktenberg verschwinden. Wir sind doch nicht blöd, uns sein Schicksal aufzuladen.«

Er und der Sonnengebräunte sahen sich eine Weile an, krabbelten sich in den Haaren, dann schoben sie Papiere zusammen – und der letzte Satz in unserem Märchen lautete aus ihrem Munde: »So gehe denn hin, Anwalt, geh zu deinesgleichen, um uns selber müssen wir uns selber kümmern, oder wie's heißt.«

So geschah es. Die Töchter mussten nicht ohne den Vater aufwachsen, es entstand uns keine außerordentliche Gestalt der Geschichte, kein Tribunal der Gerechtigkeit nahm seine erschütternde Arbeit auf – und vor allem gab es kein millionenfaches Free Free, das noch dem entfernten Kuli eine Ahnung davon gab, auch sein Elend sei vielleicht von keinem der Götter gewollt.

Der Mann musste gehen und konnte noch die erstarrten Wärter für sich gewinnen – so, dass sie sich dreißig Jahre später beim Abschied in die Augen sehen, sich die Hand geben und später in der Freiheit sogar wiedersehen konnten. Auch das war Arbeit gewesen, geduldige, an den Kräften zehrende, nötige Arbeit.

SO EIN JAHR

Wir drehn den Kopf zurück, bereit zu staunen darüber, wie gut unser Gedächtnis ist.

Es scheint alles herauszurücken, was uns zu Leid und Lachen widerfahren ist. Da mischt sich vergangene Bitternis mit der wilden Wurzel Hoffnung und die langweilige Einsicht mit gebrochenen Versprechen, auf die wir uns einst mit uns selber geeinigt haben. Aber dieses Gedächtnis besteht auch nur aus Momenten. »Davon werd ich später mal erzähln« ist ein leicht gesagter Satz. Gar nichts wirst du erzähln, oder mehr, als da je gewesen ist. Denn du schmückst den peinlichen oder herrlichen Moment nachträglich mit allem aus, was er hätte sein solln oder um ein Wort, einen Blick, einen Entschluss beinahe gewesen wäre.

Ich schaue zurück und bilde mir zwar nicht ein, dass ich über ein lückenloses Wunschdenken verfüge, aber zum Glück, sage ich mir, im Vergleich zu anderen Leuten, und wenn man bedenkt, wie klein das Gehirn doch eigentlich ist im Verhältnis zur uferlosen Seele, bin ich doch eigentlich …

Das Jahr 1973, das war schön. Ich sehe den bunten, hemmungslos geschmückten Alexanderplatz von allem geräumt, was ihn sonst noch zur Mitte der Stadt machen wollte. Es ist ein lebendiges warmherziges lachendes Berlin, das sich da zeigt. Unter großen schwarzen Regenschirmen hocken Mädchen und Jungen auf der Erde, auch Chilenen, sie schützen sich vor dem Regen und ihre Lieder vor dem Vergessen, indem sie einander ein Gedächtnis schaffen, das sich nur wenige Wochen später, im schwarzen September, als nötig erweisen sollte. Da wussten wir nicht, ob die jungen Menschen, die auf dem Alexanderplatz getanzt haben, miteinander redeten, sich vielleicht um ein Haar in das Unglück solcher Liebe stürzten, und ob sie nach dem Putsch noch lebten oder im Stadion von Santiago erschlagen worden waren.

Wir, Wilhelm Ernst Martin und ich, wir beide gingen Hand in Hand lachend an viel zu eng nebeneinander agierenden lauten Rockgruppen vorbei, vor uns die breiten Reihen eingehakter Leute, die uns eine Gasse öffneten, weil wir Blumen in den Händen hielten. Wir – erwachsene Leute – hatten eben geheiratet, haben unser etwas schiefes Leben, unsere Töchter und unsere Erfahrungen auf einen kleinen Handwagen geworfen und sind mit ihm losgezogen, Blick in Blick, beide die Hand an der Deichsel, voll der besten Vorsätze, von denen wir sogar einen Teil verwirklichen konnten. Es sind Bücher daraus geworden und Lieder, so viele Lieder. Leute haben von uns etwas gelernt. Oder sind zurückgewichen, weil wir ihnen etwas vorgaben, von dem sie meinten, es sei für sie zu anstrengend, eigentlich gar nicht denkbar. Ein Mann, der sich aller Sicherheiten begibt, damit sein Weib sich verwirklichen kann? »Du bist unser Pilotfisch oder unser Beweis, dass wir recht haben«, sagte ein Komponist, dessen Frau immer unter seiner Allmacht zu leiden hatte.

1973, da war die Weltpolitik auf eine Probe gestellt, auf eine Spitze getrieben – doch der angehaltene Atem konnte zur eigenen Rettung wieder aus der Brust entlassen werden, alle Weltmächte behielten den Inhalt ihrer Schreckenskammern und die Umsetzung vorlaut gegebener Versprechungen für sich.

Ein Jahr besteht aus Momenten, die in der Erinnerung aufleuchten, kurz noch einmal ein Gefühl von

Gefährdung in die Gegenwart schicken, aber es ist alles nur Moment. Mit großen Folgen vielleicht, aber doch eben gewesen, vergangen, seltsam, sogar altmodisch.

Ich lese im Werbetext für eine Dokumentation: »Auch wenn sie eine Familie nicht ersetzen konnten, so bildeten Kinderheime unter kirchlicher Leitung im sozialistischen Bildungsdiktat der DDR Inseln von Freiheit und Geborgenheit«.

Ist das Unbelehrbarkeit oder nur Routine bei der alltäglichen Verunglimpfung des Lebens in der DDR? Und all dessen, womit wir in der DDR umgegangen sind. Für ein kleines Buch von mir, das Mitte der siebziger Jahre erschienen ist und dessen Kerngeschichte in einem Heim für Waisenkinder beginnen sollte, besuchte ich in Berlin eins, ohne darüber nachzudenken, ob es ein christlich oder ein staatlich geführtes war.

Ich habe mit den Kindern gespielt und mit den jungen Erzieherinnen gesprochen. Ich konnte meine Geschichte beschwingt vom Erlebnis unserer Begegnung schreiben. Wir blieben in Verbindung. Also weiß ich es besser, als dieser Werbetext für eine sogenannte »Dokumentation«.

Der kluge Pastor Schorlemmer hat gesagt: Ein Volk, das zu sehr nach Mehr strebt, kann nicht gedeihen, wenn es dabei nur um Macht und Geld geht. Wusste er das schon, als er zur einseitigen Niederlegung der Waffen aufrief und das Schwert zum Pflug umschmieden wollte? Er hat zu einer Wehrlosigkeit beigetragen, die den wehrhaften Vereinigern diente.

Wir haben zu viele offene Rechnungen. Hatten wir nicht an der Ostsee einen blühenden Schiffbau mit vollen Auftragsbüchern? Wer hat entschädigungslos die Aufträge übernommen und die Schiffbauer trotzdem in die Arbeitslosigkeit geschickt?

Meissner Porzellan macht Miese? Das Wundern hört auf, wenn man sich die »neue Produktpalette« ansieht.

Über Jahrhunderte erarbeitetes, weltweites Ansehen wird aus Gier nach Mehr verspielt.

Nun meint ein westlicher Literaturkritiker öffentlich: »Wir hatten ein besseres Land und ein besseres Leben. Das haben wir an euch verloren. Und dafür viel zu hoch gezahlt.« Wir auch, Kollege. Wir ganz genauso: viel zu hoch gezahlt. Er meinte noch, sie hätten ja gern gegeben, aber ein bisschen Demut dafür wäre doch angebracht gewesen.

Ja, das hättest du gern. Aber ihr seid nicht Jesus, nicht Mandela, nicht Angela, nicht Korczak, nicht Theodorakis, nicht Malangatana. Und gerade sie würden wolln, dass wir nicht knien. Sie würden mit uns tanzen und den nächsten revolutionären Versuch wagen.

Es ist Februar. An jedem zweiten Tag dieses Monats denke ich daran, dass heute Lichtmess ist. Da wechselten die Mägde in unserem oberösterreichischen Dorf oft auf einen anderen Bauernhof. Ein wortkarger Bauer war dann vorher gekommen, bot fünfzig Mark im Monat für die gleiche Arbeit. Und so verdingte sie sich neu für Schweinefleisch mit Klößen, das Recht auf den sonntäglichen Kirchgang und ein Bett in der ofenlosen Kammer, die sie mit der Kleinmagd teilte. Ihre Habe bestand aus dem eigenen Kleiderschrank, den der Bauer schräg auf seinen Leiterwagen hiefte, ehe er die Frau auflud. Es war Krieg, die Männer waren in Russland, kamen nicht mehr fensterln. Also luden sich die alltäglichen Mühen auf die Weiber. Sie mussten mähen, sonst Männersache, das Kalb aus der Kuh ziehen, das Schwein schlachten und den Stier beim Besamen halten.

Nur sonntags und an katholischen Feiertagen hatte die Großmagd frei. Dann musste sie nur dreimal ein Dutzend Kühe melken, dreimal füttern und zweimal ausmisten. Die übrige Zeit konnte sie für den Winter stricken oder an ihrem meterlangen schmalen Sargband sticken, schon für die eigene Beerdigung. Ich habe auch ein paar »Kreuzl« beigetragen und nahm mir beim Sticken ein anderes Leben vor.

Als ich zu Besuch kam, habe ich das Dorf, meine Bäume, den gefleckten, braunen Stein im Gstoanarat, dem kleinen Steinwald, wiedergesehen. In der Natur war fast alles genau so, wie ich es in meinem Herzen aufbewahrt hatte. Nur waren auf Felder Häuser gesetzt worden, moderne natürlich, mit Vollkomfort, und ein Fußballfeld hatten sie sich für ihre Jugend eingerichtet. Und die Straße nach Aspach, mein täglicher Weg zur Schule, ohne schützende Bäume an den Rändern, nun asphaltiert, gut für die vielen Autos und Motorräder, nun allen vertraut. Es gab alles, sogar Speiseeis aus der Truhe und eine Kronenzeitung. Eine andere Denkwelt.

Der Astronaut hat im All gesehen, wie klein und wie zerbrechlich diese Erde ist. Er hat sich gewundert, »warum die sich da unten gegenseitig bekriegen«.

Wie hat Albert Einstein gesagt? »Wir leben in einer Zeit vollkommener Mittel und verworrener Ziele.«

Tun wir doch mal so, als ob wir glauben, dass der Russe an allem schuld ist. An Nazis auf dem Maidan, an der viel zu schönen Olympiade in Sotschi, am Widerstand gegen zu nahe gerückte Raketen an ihren Grenzen, an ihrem Versuch, sich ohne Einsatz kriegerischer Mittel selber zu schützen.

Die Amis haben sich Texas geschnappt; das hat die Welt nicht interessiert. Die Menschen auf der Krim dagegen möchten keine NATO-Kriegsschiffe in ihren Häfen sehen. Das macht Ärger. Der Schachzug der Russen hat das nötige Stopp erbracht. An den Folgen dieses entschlossenen Handelns wird die eine wie die andere Seite lange zu knabbern haben.

Aber immer wieder leben wir der nächsten Chance, dem nächsten Frühling zu.

Ein Jahr später: Die armen Oligarchen verlassen flucht-
artig das verarmte Land, das ihnen so reiche Schätze
überließ. Ihre Prachtvillen gelangen auf den Markt, aber
sie können gar nicht mehr teuer verkloppt werden. Und
wer weiß, ob die Begüterten nicht am Ende doch noch
eine Art Steuer für die mitgeschleppten Millionen aus
der Muttererde Russlands bezahlen müssen.

Was ist derzeit angesagt in der besten aller Welten?
Ist sie das? Gemach! Das Wissen hat sich in ihr ver-
vielfacht, um den Preis, dass sich ehemals gesicherte
alte Kundigkeit in Wald und Feld und Flur, im Umgang
mit Mensch und Tier und im Respekt vor Wüste und
Meer verringert hat. Was hält die Reichen eigentlich
um die hochgetragene Nase herum so »bei der Stange«?
Der Glaube daran, dass der Astronaut bei ferner Suche
auch ein neues, warmes und gemütliches Zuhause ent-
decken wird, in das die Betuchten einfach nur umsteigen
müssten, um am eigenen Lebensstil und dem gewohnten
luxuriösen Umgang mit Ressourcen nichts aufgeben zu
müssen?

Was soll das für ein Frühling sein, wenn der ferne Krieg
wie von ganz nahe beobachtet werden kann. Seine Folgen – das ist ja nur gerecht! – sich erkennen lassen, und
im Grunde niemand etwas Entscheidendes gegen diesen
Ausbruch atavistischer Gewalten tut. Schulen werden
überfallen, Kinder um ihre Kindheit gebracht, verletzt,
traumatisiert, getötet. Den jungen Erwachsenen ergeht
es nicht viel besser. Sie werden rekrutiert und mit der
hohen Ehre eines Selbstmordes bedacht, um zu Wonnen
zu gelangen, die ihnen im normalen Leben nie erlang-
bar geworden wären. Das nimmt die Welt noch immer
hin. Aber sie rümpft die Nase und tritt einen Shitstorm
los, weil Mark Zuckerberg und seine Frau ihr Glück als
Eltern kaum fassen konnten. Und bekannten, dass sie

das Bedürfnis haben, einen Preis zu zahlen, einen hohen Preis, der ihnen auf einmal bezahlbar – nämlich unwichtig – schien. Ihre kleine Tochter gab ihnen den Gedanken ein, ihre Unmasse an Geld – nicht ererbt, sondern selbst verdient – für andere Kinder einzusetzen. Milliarden für Essen, Kleidung, Bildung und Behandlung von Krankheiten. Ja, sie wollten ihr Geld nicht einfach herschenken, sondern es arbeiten lassen. Sie wissen ja, wie es geht, dass es sich vermehrfacht.

Ein Frühling für die Frauen? Jene Gesetze, die uns Frauen von elementaren Unterdrückungen freigaben, haben die meisten von uns zunächst überfordert. Auch ich habe gezaudert und gezögert, mich mit der Papa-Rolle des Mannes zufriedenzugeben und den Mann aufzufordern zu einem Umgang auf Augenhöhe. Unsere Mütter hatten doch im Krieg bewiesen, dass sie den Männern nicht nachstehen. Sie hatten sie zu Hause ersetzt, treue Verlängerinnen des Krieges, die Mär vom schwachen Weib hatte ausgedient, als sie nicht mehr nützlich war. Das hat das ganze Gebäude der männlichen Herrschaft ins Wanken gebracht, dass sie ohne uns und unsere Treue vielleicht doch nicht losgezogen wären oder nicht so lange ausgeblieben. Es hat sie, die Geschlagenen, verändert, der Möglichkeit nahegebracht, von ihrer uralten überanstrengten Rolle erlöst zu werden. So stand Lanzelot vor uns, auf sein Schwert gestützt, nach dem Sieg über den Drachen ergraut und unendlich müde. Die nötige Arbeit war getan, es gab keinen Grund zu feiern.

Dieser Frühling, erwartet wie jeder nach der Kälte des Winters, weist alle kindlichen Enttäuschungen zurück in das Fach »übertriebene Gefühle«. Aber was für ein schöner Frühling, ich lebe, liebe noch und gehe wieder an die Arbeit, lese wieder nach, was Homer uns über Andromache geschrieben hat, lese, dass Frauen nicht die besseren Menschen sind. Wir haben immer den Männern die Schuld an unserer eigenen Unreife gegeben. So, als hätten wir diese Behauptung als Teil einer Lebenslüge noch gebraucht. Die Bereitschaft zur Überforderung lag in unseren Genen. Zu Unterdrückern eigneten sich nicht nur die Männer. Ich habe noch erlebt, wie die Herrin mit der Magd umsprang, die Chefin mit ihrem Lehrmädchen, die Mutter mit ihrem Eigentum, den Kindern. Wie viel Dummheit und Anmaßung, wie viel Niederträchtigkeit lag oft im Verhalten der Konkurrentinnen. Wir haben als Frauen den Männern zu wenig entgegengesetzt. Aber dieses Verdikt braucht eine Ergänzung. Wie sollten Frauen denn großzügig sein, wo sie so wenig Einfluss auf die Entwicklung ihres Verstandes hatten, so wenig Kenntnis von den Fähigkeiten ihres Herzens.

Die Männer sollten sich nicht davor fürchten, dass unser Gehirn eine Kleinigkeit leichter ist. Mehr Nachdenklichkeit scheint mir angebracht, wenn ich beobachte, wie sich Frauen verhalten, sobald man sie machen lässt. Frauen sind nicht an sich gut, nur weil sie gebären, uns rühren mit ihrer Mütterlichkeit, ihrer möglichen Güte, ihrer durch Erfahrung entstandenen Friedensliebe. Emanzipierte Männer können ebenso groß fühlen, so gegen Unterdrückung anderer sein, sich so nach Frieden sehnen. Die Geschlechter sind am schönsten, wenn sie sich am wenigsten ihrem Geschlecht entsprechend verhalten. Oder eben anders als je, anders als dem Bild nach männlich, dem Bild nach weiblich. Sind sie erst jetzt eben klug geworden, die Frauen? Erst jetzt, da das Gesetz sie darin unterstützt, für sich zu denken und damit für alle? Oh, es gibt Beweise dafür, dass es weit, weit zurück Frauen gegeben hat, die über sich und ihr Leben nachdachten, ihre Gedanken aufschrieben und in dieses Geschriebene ihre Vorschläge einflochten. Das tun sie heute noch, nur kostet es eben heute nicht mehr das Leben.

Ach, und man lese doch die Gedichte von Frauen. Da denke ich manchmal, dass alles Wissen um die Gesamtheit des Lebens wie tausend Mal Gesagtes zum Greifen nahe liegt. Alle Sehnsucht ist erkannt, alle Liebe weiß sich möglich, alle Vernunft ist vorrätig. Ist es nicht, als zwänge uns jemand die Zeitung von heute auf die Nase, hielte uns den gerade neuen Kummer vor Augen, wenn wir lesen, was Maria Pawlikowska-Jasnorzewska, die 1945 in England als Emigrantin starb, für ihr Polen schrieb: »Es gibt Völker, die aus Pest und Krieg alles retteten – bis auf die Ehre – armes Polen! Deine Ehre blieb ein Diamant der hungernden Misere.«

Darüber ist nachzudenken. Die Ehre funkelt nur derzeit nicht gerade kostbar. Nicht gerade diamanten.

MEIN NEUES NEIN

Ich bin erwachsen geworden, und mein neues Nein gegen die Zeiten und ihr Tun ist mir wie aus Seide; nein, wie Schokolade mit Nüssen ist mein neues Nein – ich spüre auf der Zunge, wie weich und lecker mein neues Nein ist.

Es musste mir wachsen, das bedrohte eingeschüchterte Nein, für zu Hause perfekt, draußen oft weggesteckt. Man muss ja leben, wenn man sorgen muss.

Jetzt aber, bedient mit Stempeln der hässlichen Art, gab es mich wie einen abgelaufenen Pass. Ich benutze den nicht. Die Talkshows laufen in netter Wichtigtuerei ohne mich, ich nehme nicht teil an Debatten, deren Ziel nicht dem Thema entspricht. Wo ich hingehe, sage ich meins und nehme dankbar Rat oder Rüge an.

Beide Hälften meines Gehirns lasse ich wieder wissen, wie ich wirklich gelebt habe. Drei Kinder allein erziehend, war ich keinem Betrieb eine Minderung seiner Dividenden.

Wenn ich mich auflehnte, tat ich es mit Sorge ums Ganze, das ich nicht abschaffen wollte.

In jungen Jahren – mit wenig Geld, eine Geschiedene, die deshalb nicht aussortiert wurde – durfte ich ausprobieren, was und wer mir passt. Die mich förderten, beluden mich mit kräfteverzehrender Ehre, mit Bürde und Würde.

Aber die Männer um mich her nahmen den Soldatenhelm ab und wurden Kollege, Papa, Geliebter, Suchender wie ich. Ich bin nicht besonders und nehme mich nicht aus. Aber an der Klagemauer der Verlierer werdet ihr mich nicht sehen. Ich schüttle ab, womit ich überschüttet werde.

Am Fuße meiner Leiter denke ich: Noch mal? Ja, nun mit weiterem Blick, freundlich zurück und sehr wachsam nach vorn. Gesegnet sei alles, was verteidigt werden muss: der Baum, mein und dein Leben. Einen kleinen Traum nach vorn gönne ich mir wieder, und lache, lache – auch über mich.

JEDEN MOMENT NOCH EINMAL

Jemand sagt zu mir: »Jeden Moment noch einmal, das glaubst du doch selber nicht.«

Doch, doch.

»Es ging dir schlecht.«

Da war ich jung. Und fand mich sehr wichtig.

»Aber einmal bist du doch beinahe gestorben, und der Verursacher ist abgetaucht.«

Ja! Schöne Worte unterm Abendstern sind das eine, feiges Abhauen ein anderes.

»Verrat? Hast du doch auch erlebt?«

Und überlebt. Man verliert Illusionen über die eigene Beliebtheit.

»Warst du nicht mal wahnsinnig unglücklich?«

Ja, und! Wer nicht? Woraus sollte ich schöpfen, wenn nicht aus den Kopfnüssen von links, den Ohrfeigen von rechts und den Niederlagen durch eigene Schuld. Ausreichend Lehre, andere Menschen zu verstehen.

»Wie lange bist du verheiratet? Über vierzig Jahre? War das mal Liebe?«

Wieso war? Es ist eine Liebe.

»Er ist doch krank.«

Aber meine Liebe nicht.

»So was ist selten. Oder? Auf Dauer, meine ich.«

Liebe muss man für möglich halten und an sie glauben. Auch für sich selber, nicht nur dem Partner zuliebe. Keine schmutzigen Geheimnisse vor dem anderen haben und versuchen, ihm ein Geheimnis zu bleiben. Durch und durch kennen kann man Verwandte, nicht die große Liebe.

Seit ich liebe, weiß ich, dass Freundschaft einer der wichtigsten Teile der Liebe ist.

»Aber das sind doch zwei ganz verschiedene Beziehungen.«

Wie sollte das zu trennen sein? Ich liebe dich, ich verschmelze mit dir, könnte mich einbuddeln in dich, ich mag dich riechen, schmecken, anfassen, Streit mit dir tut sterbensweh und ist manchmal nötig. Wir sind beide klüger als der andere, aber ich würde in Schnee und Sturm auf einsamer Landstraße warten, weil ich wüsste, ehe ich erfriere, holst du mich weg.

»Das hat doch aber nichts mit Freundschaft zu tun.«

Was gebe ich denn als Freund? Zum Beispiel dir?

Ich würde dich aus dem Sessel reißen, wenn du voller Selbstmitleid in ihm versinkst – und dich zu ihm hinführen, wenn du erschöpft bist und zu wenig an dich denkst. Ich freue mich, wenn du gerade schön bist, und wenn dir etwas gelingt.

Wenn du dich hässlich werden lässt, würde ich dich nicht in Ruhe lassen, bis du dich einkriegst. Ich rühme dich neidlos, wenn du es verdienst, sehe schwierige Anfänge, habe meine Bedenken, aber werde dich nicht durch übertriebene Vorsicht schwächen. Ob ich dir reinrede oder mich zurückhalte, das kommt auf den Zeitpunkt an. Ich lasse dich auch einmal ein Stück in die falsche Richtung laufen und stehe in der Nähe, wenn du von dort zurückkommst. Ich würde versuchen, mit dir zusammen ein bisschen klüger zu leben. Und dass wir beide von Herzen lachen, auch über uns selber.

Das Recht, zu verlassen, gilt für beide und soll Gefahr bleiben. Aber solange ich dir meine Freundschaft geben kann, ist sie fürs Leben gedacht.

Auch in der Liebe müsste man sagen können: Du bist mein bester Freund, und ich möchte dein bester Freund sein. Fürs Leben.

»Hast du noch Sehnsüchte?«

Ja, aber sie schmerzen nicht mehr. Komm, sage ich: dort liegt der Stein, lass ihn uns wieder nach oben rollen. Mehr weiß ich nicht. Und mehr habe ich im Moment auch nicht vor.

DER ANDERE TEIL VOM LIED

Das Leben besteht aus Regeln. Viele sind sehr vernünftig, andere falsch oder überflüssig. Eine davon lautet: Beginne keinen Satz mit ICH. Also: Ich liebe die Lieder, die Dirk Michaelis manchmal schreibt, oft komponiert und immer singt, und wie er sich dabei am Klavier, mit der Gitarre, mit der Maultrommel oder gar nicht zu begleiten weiß, weil er etwas zu vermitteln hat, was sich in ein herkömmliches Lied nicht fügen würde. Bei vollem Einsatz seiner biegsamen Stimme raunt er mir mit manchem Song – egal, wer den geschaffen hat – in die Seele, dass sie sich aus der scheinbaren Ruhe angeregt zum Weiterdenken bewegt. Oder er ruft mir eine Sehnsucht ins Gedächtnis, für die mir die Zeit vergangen oder jedenfalls jetzt nicht aufzubringen schien.

Bei manchen seiner Lieder hat er einen Teil auch Zuarbeitern zu danken. Aber für mich, als geübte Autorin, tut er den Vorlagen, was ich mir immer erträume: er nimmt das Material her und kann sein, dass er zehn Jahre lang den Anschein erweckt, als werde er es demnächst damit zu einem großartigen Lied bringen, aber er wird den Teufel tun, denn es springt ihn nicht an. Das kann ich verstehn. Er murkst nicht, nie. Wenn er aber einen Text im ersten Augenblick schon als ganz für ihn geeignet empfindet, dann macht er daraus ein Lied von Michaelis; egal, was wer dazu beigetragen hat.

Und damit komme ich zu dem Teil, mit dem alles begonnen hat, und warum es auf diese Art weiterging.

Als ich Präsidentin des Komitees für Unterhaltungskunst wurde, verkündete ich meine eisernen Regeln für diese Funktion. Unter anderem wollte ich mit niemandem arbeiten, mit dem ich vorher nicht gearbeitet hatte. Als ich das bekannt gab, sahen mich einige sehr respektvoll an, und andere dachten: schön doof. Wenig später tauchte bei mir D. M. auf. Wir hatten noch nie zusammen gearbeitet, kannten uns nicht einmal persönlich. Es war Sommer, das weiß ich noch. Er hatte kurze Hosen an, glaube ich, und auf dem Kopf sehr viele lange Haare. Ich glaube auch, er setzte sich nicht einmal. In meiner Erinnerung stand er im Zimmer und hielt mir eine damals übliche Tonkassette hin. Er sagte: »Da ist eine Ballade drauf. Auf die musst du einen Text machen.« Eine Erklärung gab er nicht ab. So wusste ich weder, dass er als Knabe für die traurige, verlassene Mama ein Trostgeschenk suchte, noch dass ihm dafür diese Melodie am Klavier einfiel. Ich wusste auch nicht, dass er annahm, die dürfe nie mit einem Text versehen werden, weil sie doch der Mama gehörte. Sie hat mir später erzählt, dass sie das erst von ihm erfuhr, als sie ihrer Verwunderung über diese halbfertige Arbeit Ausdruck gab. So hatte er nun mich als Autorin ausgesucht, und ich machte mich eben daran, ihm meine Gründe für eine bedauerliche Ablehnung beizubringen, als ich bemerkte, dass ihn das nicht im Geringsten interessierte. Er verabschiedete sich nett, freundlich und in baldiger Erwartung meines Textes.

Ich ließ die Kassette liegen, weil ich Zeit vergehen lassen wollte, ehe ich ihm meine Absage noch einmal aufdröselte. Schriftlich, denn dann ist keine Antwort abzuwehren. Aber höflich sollte es bleiben. Es war ein Vormittag, nebenan lief der übliche Haushalt ab, das Telefon klingelte unablässig, und dauernd wollte jemand etwas von mir. Aber ich drückte auf den Knopf, und wie die ersten Töne mich erreichten, so erreichte mich mühelos, was mir die Musik erzählte. Ich schrieb es auf.

Während der Dauer dieser schönen Zusammenarbeit war ich ganz bei mir und ganz vertieft in eine Melodie, die mich erreichte und wegholte und wie ein Teil meiner eigenen Seele war. Auf eine freudige Zustimmung hatte ich wenig Hoffnung. Er war so jung, hätte mein Sohn sein können, und sicher war doch auch er auf einem Weg aus all der Verklemmtheit, der Einengung und aus falschen Vorschriften heraus.

Eines Abends schaltete ich den Fernseher ein, Adlershof, und sah auf dem Bildschirm eine Art Lore auf Gleisen heranfahren. Im offenen Viereck saßen Leute, Männer, junge Männer im unüblichen Reisegefährt. Und dann hörte ich eine Einführung, die Melodie breitete sich aus, und die jungen Männer sangen dazu meinen Text. Es war, glaube ich, ein paar Monate nach dem Abschicken. Und ich weiß heute nicht mehr, auf welche Weise eine Nachricht zu mir gekommen war, aber sie lautete: den Jungs gefällt es, keine Änderung, lass alles so.

Und damit begann die Geschichte unserer gemeinsamen Arbeit, unserer Freundschaft, unseres gegenseitigen Beistands und eine seltsame, vorher nie erlebte Aufnahme eines Liedes in den Alltag von Menschen, in ihre besonderen Augenblicke und bis in die Geschichte. Die Geschichte eines Abschieds von einem kleinen Heimatland, dem nur ein kurzer Weg in der Geschichte beschieden war. Aber das ist eine andere Sache. Und die hatte von mir aus mit meinem Lied gar nichts zu tun. Ich hatte ein Fortgehen beschrieben. Jemand verlässt, und er hat dabei Zweifel, Skrupel, schmerzende Gedanken.

Ich erfuhr, dass sich in den Diskotheken und auf großen Bühnen bei den ersten Tönen die Paare zum kleinen Bühnenrand bewegen. Wenn Dirk dabei war, hielt er das Mikrofon zu ihnen hinunter, und die Leute halten sich im Arm, singen den Text mit, und es fließen sogar Tränen. Es schien, das Lied weckte die Erinnerung an eigene Kindheit oder erste Liebe, auch an Erfüllung, die so ersehnt worden war und sich nun ganz anders zeigte. Heimweh, sagten manche. Oder auch: Es war ja immerhin unser Leben. Das war doch nicht nur Scheiße.

Es war die Zeit zwischen 1986 und 1990, daran kann es auch gelegen haben.

Wenn eine solche Magie entsteht, ist sie nicht aufzuhalten. Inzwischen habe ich den Versuch aufgegeben, wenigstens einzelnen, lieben Menschen zu erklären, wie es wirklich war. Sie gucken mich dann an, als ob ich ihnen etwas wegnehmen will. Solche Wirkung kann niemand kühl ausrechnen, sie ist nicht zu planen.

Seit zehn Jahren gehen wir miteinander auf die Bühne, anlässlich des zwanzigsten Jahrestages unserer Begegnung. Wir hatten einfach Lust dazu. Dirk gibt mir Unruhe vor der Veranstaltung und dann, bei der Arbeit, Ruhe und Vergnügen. Das Publikum liebt ihn und mag die Art unseres Zusammenspiels. Dass Lied und Text einander folgen, so, wie sie gearbeitet sind. Oder alles läuft nur für diesen Abend und ganz anders. Das wissen wir nie vorher, aber ich sehe dann, wie wir Menschen erreichen; wie sie lachen, sich anstoßen und wie sie bei seinem letzten Lied etwas machen, was mich immer wieder – bewegt? – ja, auch.

Eine leise Selbstironie liegt bei ihm sonst immer auf der Lauer, eine Einschränkung oder ein gesunder Zweifel. Nicht, wenn er singt »Am Ende der Schlacht sanken sie todmüde nieder / zum Hassen zu schwach, waren Besiegte und Sieger ...« Was für eine Aktualität; aber über der scheinbaren gänzlichen Erfüllung »Haut auf Haut« liegt auch das Wissen um die Endlichkeit des Vollkommenen. Ich kann das empfinden, ich kann das in mir selber erinnern, es ist also wirklich, nicht nur künstlicher Augenblick durch Kunst. Aber als allgemein gültig beweist es sich, wenn ich es mit denen teile, die vor mir sitzen, mit empfindsameren Gesichtern als beim Beginn. Die sind nicht weniger sensibel als wir da oben. Unwiderstehlich aber schimmert im Lied die Hoffnung: »daran glaub ich, felsenfest ...« Felsenfest? Das nimmt er zurück in den Bereich der angemessenen Frage und leisen Zweifels. Schöne Texte hat Michael Sellin für ihn geschrieben. Viel mehr als ich, aber wir freuen uns beide an dem, was wir Dirk zuarbeiten können.

Mit Dirk auf der Bühne, das ist für mich die Freude der Leichtigkeit. Er fängt jeden Ball auf, auch wenn er ihn nicht gerade erwartet hat, er gibt ihn immer zurück. Ohne festgelegtes Programm, das zwingt uns, dem anderen zuzuhören. Das gibt uns die Möglichkeit, zwischen fertigen Teilen und Improvisation zu spielen. Wach genug zu bleiben. Es gelingt uns immer, das Publikum in solche Austragungen mitzunehmen, und sie bedanken sich besonders für unsere Abweichungen vom Fertigen – und es mündet ganz leicht im Lied, im Gedicht, im auf einmal besonders passenden Text. Wenn ich ihn denn gerade parat habe oder auf dem Tisch mit einem Griff finde, denn es ist selten der geplante.

Um auf solche Art zu kommunizieren, sich dabei auch zu riskieren, muss man sich sehr gut kennen, nie endgültig, aber doch ungewöhnlich gut. Empfindlicher Moment: dem einen sagt die Arbeit des anderen nichts, nicht genug oder das Falsche. Wir glauben doch alle, dass der sonst so begabte Andere sofort, vom Fieber des Einfalls getragen, das Meisterwerk vollenden wird. Nix da, und es lässt sich darüber nicht streiten. Es funkt vielleicht zehn Jahre später oder nie.

Wir hatten Situationen, in denen ich über die Feinfühligkeit und das Taktgefühl des Jüngeren, des Freundes, gestaunt habe. Und es hat auch manches in mir heil gemacht. Weil ich ihm immer mehr war als ein Lieferant, der ihm einen Teil zuliefern muss, um den er sich nicht auch noch kümmern kann. Wenngleich es Beispiele gibt, dass er für Texte begabt ist. Aber es macht ihm nicht so viel Spaß wie die Musik und der Gesang. Ohne Leidenschaft ist auf Dauer nix zu machen.

Ich muss noch einmal zurück an den Anfang. Da ist jenes erste Lied entstanden. Das hat seither mit uns gelebt. Er singt es immer als letztes Lied des Abends. Bei den ersten Tönen wenden sich Leute dem anderen zu, sei es der geliebte Mann oder Freund, dem Partner also, der Freundin, Mama oder Tochter. Beim ersten Aufklingen der Melodie wissen sie, was jetzt kommt. Mag es auch noch mit uns zu tun haben, aber in gewisser Weise mehr mit ihnen selber, denn er wird singen, was sie von ihm kennen, was sie erwarten: sein Lied, das Lied, jenes, weshalb die Freundin der andern ein Taschentuch zusteckt, das hat dann schon nichts mehr mit uns zu tun. Und der Mann lächelt nicht unseretwegen wissend seine Partnerin an. Seinetwegen schiebt die Frau vor uns nicht ihre Brille zurecht. Was jetzt kommt, hat sich von uns losgelöst. Sie sind ganz bei sich selber, ihrem eigenen Erleben, das unser Lied begleitet hat. Zwei sagten mir, sie hätten es nach ihrer Scheidung im Auto gehört. Eine Mutter hatte es als Lied gewählt, als sie ihr zweijähriges Kind beerdigen musste. Das geht nach. Da findet sich in der schlafarmen Nacht neben dem Trost der leise Zweifel, ob man so weit gehen darf. Wer? Die Mutter, als sie dieses Lied wählte? Wir, als wir es ins Leben entließen? Das Lied hat etwas, das es scheinbar für jede Gelegenheit brauchbar macht. Dirk wählt immer ein langes Hineinspielen bis in die Melodie. Er hat das nie gesagt, aber er gibt den Leuten Zeit. Vielleicht ist ja auch einmal der Mann im Raum, der mir geschrieben hat, ich hätte recht daran getan, dem Mann ins Gewissen zu reden, dass er die Geliebte verlassen soll und zur Ehefrau und den beiden Kindern zurückkehren, weil ... es folgen seine eigenen Probleme. An die habe ich so wenig gedacht wie an das Staatswesen DDR, das ich mit diesem Text, nicht ohne Bedauern, verabschieden wollte? Gegen solche Auslegung haben wir uns gewehrt, in Interviews, auf der Bühne, in der Pause. Vergeblich. Dirk singt den Text fast streng. Er teilt ihn uns sozusagen ganz sachlich mit. Weniger kann man nicht tun.

Auf Zuruf singt er am Ende a cappella: »Wenn ich nicht mehr weiß, was richtig ist / rutsch herum in meinen Schuhn / jeder sagt mir irgendwas, was wichtig ist / was ist zu tun«. Wie Dirk dieses Lied von Demmler singt, berühmt, seit er es wegen Ausfalls der Technik in der Wuhlheide vor siebzehntausend Menschen a cappella gesungen hat, das weckt in mir alles gleichzeitig: ich möchte dazwischengehn und helfen, ich schlucke an Tränen, immer noch und jedes Mal. Und sehe, dass der von der Natur begünstigte, der so andere, mit Talent reich beschenkte, eigentlich verwöhnte Dirk nachvollziehen kann, warum das Publikum nach diesem Lied ruft. Als Zugabe. Ganz am Ende, weil es anders nicht zu ertragen wäre. Es erzählt über jenen Teil des Lebens, der weh tut. Der sich am Alltag reibt, wie an der Politik und an dem, was das Leben eben ist. Darüber schreibe ich ihm gerade ein Lied. Ob es dann so wirkt, kann sich niemand vorher ausdenken. Der Zeitgeist spielt da immer eine Rolle, aber es gibt das Lied auch als Phänomen. Ich weiß, wie es wirkt, aber ich weiß nicht, wie man diese Wirkung planen könnte.

Unsere gemeinsame Arbeit wird in diesem Jahr dreißig Jahre alt. Ich habe seine schwierigen Zeiten als Freundin miterlebt und er die meinen. Auf unserer Arbeit lag immer ein zusätzlicher Zauber, immer die Erwartung, dass uns noch etwas einfällt, was noch keiner so gesagt hat, keiner so gesungen. Ohne diese Überhebung geht es ja nicht.

Ich habe die Ehre und die Freude, dass er und Maschine von den Puhdys auf der neuen CD von Birr ein Duett singen werden, für das ich ihnen den Text schrieb. Darin heißt es: »Zwei Hände mehr / einer allein hat's schwer.« Auf der Bühne soll, muss es zugehn wie im richtigen Leben. Weiter so.

MITTEN IM LAUF

Was für eine blöde Lage. Ein Augenblick, eine falsche Drehung auf dem Fuß, die Hände zu beladen, der nächste Halt zu weit entfernt, ungeachtet der Tatsache, dass in wenigen Tagen der immer reichlich vorbereitete Heilige Abend stattfindet, dem Feiertage folgen, die von der Familie in vollem Umfang begangen werden. Ungeachtet auch des nie abgerissenen Brauches, einander heimliche Wünsche zu erfüllen, an deren Realisierung man selber kaum geglaubt hat. Da liegt sie, die dumme Pute, und hat nicht bedacht, dass man nicht mit vollen Händen tut, als könne man drei Dinge gleichzeitig verrichten. Eine Mutter kann doch nicht wenige Tage vor dem Fest der Liebe und der Familie abtauchen in Schmerz und Versorgung. Das hat die Familie nicht geübt, da kommen die alten Bräuche nicht zu Ehren, da wird die Ente, da wird der Hase, da wird der Rotkohl nicht gedeihen, und der Karpfen für Heilig Abend wird sein Leben verlängern.

Der alte erfahrene Arzt ist aus Gewohnheit in seiner Notstelle so knarrig wie immer, aber auch so listig, so verschmitzt, so kundig. Er spricht das ersehnte Wort des Freispruchs nicht, vor allem nicht den Hinweis aus, dass hier nur Schreck herrscht, nicht auch Schaden.

In der Rettungsstelle des Krankenhauses finden sich alle, deren Arzt schon im Urlaub ist, die keinen Termin gekriegt haben oder beim bloßen Anblick überzeugend für diese »Rettungs«stelle sind. Zehn Stunden des Wartens sind zu überleben, aber die kleine Hoffnung flackert warmes Licht.

Nix da, alles kommt so, wie es der Mutterseele niemals hätte widerfahren dürfen. Enkeltochter und Nenntochter haben es ja eigentlich gewusst.

Das Weihnachtswunder passierte. Nicht der Gestürzten, die lag so dumm rum, wie ihre Lage es verlangte, aber da war auf einmal eine Familie, die so funktionierte, als hätte ein jedes seiner Mitglieder es lange geübt. Die Familie zieht einen Kreis, der sich schließt. Ohne mich, um mich herum. Unerwartet und schön. Das von mir bis jetzt gepflegte Familienmitglied wurde übernommen, und es gab eine Ausstrahlung von Freundlichkeit untereinander, die löste eine gänzlich unerwartete Abfolge verlässlicher Handlungen aus. Und einmal wieder, unerwartet, wirklich einmal wieder, den Zusammenhalt und das Aufkommen einer Wärme, die vielleicht ja wirklich nur eine Familie geben kann. Wenn es funktioniert. Wenn da in der Tiefe über die Jahrzehnte immer noch ein manchmal unbemerktes Flämmchen Liebe und Vertrauen auf seinen Augenblick gewartet hat.

Ach, denke ich eine Woche später, auf einer rumpligen Trage von einem Krankenhaus ins andere transportiert, ach, denke ich, was werde ich später aufbringen müssen, um mich dafür zu bedanken. Jetzt wird von mir eigentlich mal nichts erwartet, als dass ich ohne Getue annehme, was mir an Hilfe geboten wird. Die Tochter regelt alles, und ich kann sogar die Augen zumachen und träumele so vor mich hin, als eine weibliche Stimme neben mir sagt: »... und Sie waren bei uns Pflichtlektüre.« Ich öffne langsam die Augen und sehe eine dienstlich bekleidete Weibsperson, die ein bisschen grinst, aber auch versucht, mir einen nachträglichen Vorwurf zu machen. Ich war Pflichtlektüre und habe vermutlich den Auftrag ausgelöst, einen Aufsatz zu schreiben über etwas, das ich mir doch bloß ausgedacht habe. Also: Was will der Dichter uns damit sagen? Die Ärmste, und was war es?

Das weiß sie nicht mehr, und ich weiß es auch nicht, habe den Verdacht, sie könnte gezwungen worden sein, mein Lied vom »einfachen Frieden« mitzusingen, vorzutragen oder zu sezieren. Nein, nein, das war es nicht. Dann werden wir es nie erfahren. Die Enkeltochter gibt mir einen Tipp, und dann liege ich auf dem Krankenbett, mein Blick geht zur Decke, und ich denke, aber ich wage es kaum zu denken, hoffe, weiß eigentlich, dass es so gewesen ist.

»Die Nacht hat vier Augen / deine und meine / die Nacht hat vier Augen / hat zweimal ein Herz.«

Das war damals, und es stand wirklich im Lesebuch für die zehnte Klasse. »Die Nacht hat ein Kissen / drauf wir uns legen / und mischen die Haare im ruhlosen Schlaf.«

Ich habe viel Unsinn gelesen über das, was wir den Kindern auf dem Nachttopf oder in der Schulbank geistig angetan haben sollen. Für einen Augenblick denke ich mit Liebe an dieses kleine Land, das den Sechzehnjährigen eine Auswahl an Versen anbot, und darunter mein ganz persönliches Gedicht. Meine Enkelin liebte es. Ein Komponist und Sänger hat sie zu ihrer Hochzeit mit diesen Versen überrascht, aus denen ein Lied geworden war. Sie sagte später, das wäre der einzige wirklich feierliche Moment bei der Trauung gewesen.

Neun Tage vor Weihnachten ist mir aus dem scheinbaren Unglück eine neue Erkenntnis geworden: Ich bin unglaublich stolz auf meine Familie.

EINE WIE HILDI

Sie wird nun hundert, die Hildi. Die heißt doch bestimmt Hilde oder Hildegard, aber jemand in ihrem Leben muss sie gemocht haben, da heißt sie also Hildi. Ihre Geburtstage hängt die Gemeinde nun immer groß hin – aber sie freut sich nicht mehr. »Weil die das Jahr über auch nichts von mir wissen«, – aber wenn keiner hochsollsieleben anstimmen würde, da wär' sie vielleicht auch gekränkt.

Ich hab mal auf 'ner Bank neben ihr gesessen, da ging's ihr vielleicht nicht so gut, oder sie hatte eine gnädige Stimmung, seitdem grüßt sie immer zurück. Ich könnte mal zu ihr kommen, auf 'ne Tasse oder 'ne Kanne, hat sie gesagt, und ich wusste nicht, wie man so was ablehnen kann.

Ich soll, wenn es dann bei ihr so weit ist, etwas sagen. So die letzten Worte. Mach das mal.

»Ja, aber was? Was soll ich denn sagen? Ich weiß doch gar nichts.«

»Sagste irgendwas. Hast doch studiert.«

»Kanns versuchen. Soll ich einen Mann erwähnen?«

»Hatte keinen. War ja Krieg. Und ich hab meinen nie getroffen.«

»Nie verliebt? He, Hildi, jeder ist doch mal verliebt. Und wo alles so lange her ist, da kannst du es doch erzähln. Vielleicht wars nicht ganz in Ordnung, damals. Na und? Das würde doch heute auch keinen mehr störn. Möchtest du keinen wiedersehn?«

»Rede nich so rum«, sagt sie, »da langweilen sich die Leute und haun gleich ab. Ich geh zu keinem, das reicht. Kannste aber auch weglassen.«

»Gibt's denn nicht einen, den du noch mal sehen möchtest?«

»Gieß ein«, sagt sie. »Den Ersten vielleicht, den schon noch mal.«

»Und warum ist nichts draus geworden?«

»Von einem Kuss? Liegt auch irgendwo … wie's eben war.«

»Hildi, die Leute wolln was über dich hörn. Hundert Jahre, zwei Kriege, der ganze Hunger und alles.«

»Das sind die nicht gewöhnt von mir. Hab nie gejammert, und heute ist es auch nicht leicht.«

Ich sage: »Ja, Zeiten sind immer schwierig, aber sieh mal: Heute kann man von einem Moment zum andern alles ganz anders machen. Anders kochen, backen, fernsehen, Rheumasalbe …«

»Pferdemist hilft besser …«

»Ja, aber andre Zudecke, anders wählen …«

»Geh ich nicht. Bin ich noch nie gegangen.«

Da lügt sie, glaube ich. Wenn die früher mit der Urne – Wahlurne, meine ich – geklingelt haben, da hat die nicht aufgemacht? Weiß nicht, die schwindelt gerne. Vielleicht denkt sie, dass sie endlich in ihrem Leben da angekommen ist, wo man alles sagen darf. Für ihre Generation muss man da wohl hundert werden.

»Guckst'n so«, sagt sie. »Gieß nach.«

»Ich denk grade, eure Generation ist ums Leben, ums Glück betrogen worden. Ihr seid die Angeschissnen. Aber soll ich das sagen? Willst du bedauert werden?«

»Na nee! Ich war ja Trümmerfrau! Weg mit den Trümmern, und was Neues hingebaut. Ham wir gesungen … und Ziegel geputzt.«

Sie lacht, soweit man das erkennen kann. Und zwinkert mir zu. »Stunde erst 62 Pfennige. Und dann 1.67, auch mal 1.80 oder 'ne Prämie. Viel war's nicht. Mussten wir auch von leben. Haben wir. Nicht immer alles gleich weggeschmissen, bloß weil 'ne Fliege draufgeschissen hat. Ach! War schon auch schön.«

»Aber was? Was?«

»Unsereiner ist Sonnabend Abend in Clärchens Ballhaus mit Alkolat für 7 Mark. Ein Glas musste 'n ganzen Abend reichen. Aber Tischtelefon! Viele Mädels haben bloß zusammen getanzt, zu wenig Männer. Aber mein Telefon stand nie stille. Schwofen war so meins. Beine schmeißen. Und immer sehr, sehr nette Herrn. Ham' sich verbeugt. Jetzt tanzt ja jeder mit sich alleine. Aber war'n eben damals immer zu alt oder zu jung.«

Sie kichert, lacht mit verstecktem Kinn.

»Hast du die mit nach Hause genommen?«

»Na, nich all und jeden! Als ob ich da heute noch was von wüsste.«

Pause.

»Einer war« – und ihre Augen sind ja blau – »den hab ich nie gesehn, der hätte es sein können; wir haben uns bloß geschrieben, der wär's gewesen.«

»Und?«

»Dann kamen eben keine Briefe mehr. Und meine zurück. War so.«

»Du! Ich kann dann sagen, was ich will«, drohe ich ihr. »Du musst mir mehr erzähln.«

Wird sie nicht, denke ich. Und werde das Gefühl nicht los, dass ich sie bloß falsch frage.

»Du kannst aber nicht immer Trümmerfrau gewesen sein. Irgendwann war ja Schluss damit. Und dann?«

»War ich in 'ner Weberei. Naja, nich schlecht, nich gut, aber nich meins.«

»Hattest du einen Traumberuf? Hat doch jedes Mädel.«

»Klar. Schneiderin, das war's, schon immer, schon als Kind hab ich mit Stoff rumgespielt.«

»Und?«

»Naja, bin ich ja auch geworden. Von den Trümmern her konnt' ich mir was erlauben. Hab mir alles selber genäht und auch für andre. Noch'n Schrank voll. Is bloß alles zu weit. Tja!«

»Worauf soll ich denn aufpassen, dass ich nich falsch alt werde«, sage ich.

»Was ist denn das für ne zimperliche Frage«, sagt sie. »Keiner weiß was für ein' andern, was wirklich hilft.«

»Das stimmt nicht, und du weißt es«, sage ich. Für einen Moment kommt es mir vor, als ob wir schon ewig Freundinnen sind und uns ebenso lange zanken.

»Für 'ne große Kartoffel braucht man nich mehr Zeit zum Schälen als für 'ne kleine«, sagt sie. »Und was man sich wirklich wünscht, naja, haben will, das bleibt. Sieh zu, dass du's auch kriegst. Ich hab das nicht geschafft.«

Ich werde sagen, dass sie mehr draufhatte, dass sie … weiß nicht, in der Erinnerung werde ich sie mehr liebhaben, unbefangener, ihre Bosheit nicht mehr fürchten, ihre Härte, wenn sie über andere Frauen urteilt. Ich werde darüber sprechen, dass sie viel Kraft gebraucht hat, um zu überleben.

»Ich hab da einen Wunsch«, sagt sie. »Sag gar nichts. Kannst du singen? Sing für mich, oder spielste, bloß nich Blockflöte, die kann ich nich leiden, singste ›Der Mond ist aufgegangen, die goldnen‹ und so weiter …«

Sie sitzt ganz ruhig da, als wenn sie keine Angst kennt.

»Und dann weißt du, dass ich dich höre. Kannst gehn, ich bin müde.«

Na nee. Ich sitze noch da und denke. Was ich sie alles fragen könnte, sogar müsste. Wie soll ich was sagen, wenn ich nix weiß.

Vielleicht wollte sie unbedingt ein Kind. Vielleicht war sie ja mal schwanger und hat's gemacht wie meine Mutter. Weil's eben nicht ging. Blöde, aber ich möchte gerne wissen, ob sie sich mal einen Hut gekauft hat. Ich wollte schon lange einen haben, aber mir hat noch niemand gesagt, ob ich ein Hutgesicht habe. Da geht man in den Laden, und dann sagen die, nein, für dich haben wir keinen. Werden die nicht. Die drücken einem eine Krempe in die Stirn und klatschen in die Hände, weil das einzigartig passt. Leider haben sie dann einen Spiegel und lachen sich hinten im Laden scheckig, wo sie grade einen noch mehr passenden Deckel für dich haben.

Damals wäre ich mit ihm in jeden Laden gegangen, und es wäre immer Spaß gewesen, ich hätte zwanzig Hüte probiert und wäre mit keinem rausgegangen, denn damals musste ich gar nichts und durfte alles.

Ich hab gemacht, was sie wollte. Hab was gesagt. War schon ... aber ich will das jetzt nicht erzählen. Ich denk auch nicht dauernd an sie. Bloß, wenn da oben dieses Mondgesicht runterguckt, auch so ein altes ... naja, was sich so Ende nennt, ist es manchmal noch lange nicht.

SOWOHL ANFANG ALS
AUCH ENDE

Meinem Freund Dirk Michaelis ist zuteil geworden, wovor wir uns alle fürchten: Der Freund, der eben noch neben ihm auf der Bühne stand, bei der Probe und im abendlichen Glanzlicht, war nach elendem Leiden am Krebs gestorben.

»Ich hab dich nie gesehn, mein Freund / wie du als alter Kerl gewesen wärst / weil du durch fremde Wolken fährst ...«

So habe ich es aufgeschrieben, und so war es in mir, auch, weil ich beeindruckt war davon, mit wie vielen Handlungen der Freund dem Leidenden seine Freundschaft bewies. Leicht, zu sagen: Das hätte ich nicht von ihm gedacht, er ist doch immer so gut gelaunt, so charmant unterwegs. Ja, auch und warum denn nicht.

»... dein Hufschlag wie ein junges Pferd ...« und »dein Ende hat mich hart belehrt ... doch weil ich selber mitten im Leben bin / wohin mit der Lehre, wohin ...«

Ich war mir nicht bewusst, dass ich gegen einen Stachel löcke, gegen Tradition verstoße oder angehe.

Meine Haltung zum eigenen Ende habe ich wie jeder Lebendige in Arbeit, aber über einiges bin ich mit mir im Reinen, und es ist mir wohl in den Text eingeflossen. Er hat Wirkungen ausgelöst – solche in meiner Nähe, und andere, von denen mir erzählt worden ist.

Längere Gespräche mit Wilhelm sind wegen seiner Krankheit seltener möglich. Sie fehlen mir, und ich zehre von der Erinnerung an sie, die früher selbstverständlichen.

Nun hat er gesagt, ich hätte meinen vielleicht wichtigsten Satz geschrieben, und ihm etwas von seiner Angst genommen: Es wird zu Ende sein, und was übrigbleibt, wird verscharrt, kommt unter die Erde, dorthin, wo nur noch das Nichts ist.

»Du hast gesagt, dass er sich von der Erde hebt, durch fremde Wolken fährt … das ist ein wunderbarer, ein befreiender Gedanke. Wenn ich das denke, und weil es niemand anders weiß, kann ich es mir auch so vorstellen, dann geht es mir besser …«

Sollen wir denken, dass wir getrennt werden von allem Lebendigen oder von dem, was wir selber gewesen sind? Das kann ich nicht, das ist mir im Wesen fremd.

Wie gehe ich mit meinem Ende um? Soll ich es leugnen oder gestalten? So tun, als träfe die Sterblichkeit auf mich selber nicht zu, oder leben, solange es halt dauert, und nach mir die Sintflut?

Der Kumpel von Dirk ist viel zu früh gestorben.

Ich aber bin in einem Alter, in dem die Erinnerungen mit schlauer Vergesslichkeit kämpfen, und mich bewegt die Frage: Wie war der Anfang? Was hat mich am stärksten beeindruckt, sodass ich meinen Weg bis hierher gehen konnte? Und er sich sogar als begehbar erwiesen hat? Oder ihn sich erzwang? Es war ja nicht so, dass da immer Zeit war zu tiefem Atemholen und Suche nach breiten Seiten- oder auch Auswegen. Es gab sogar Möglichkeiten, sich zu drücken von dem Teil, der sich als beschwerlich erwies. Im Lebendigen gibt es kaum Augenblicke, wo man ganz bei sich ist, der Dinge im täglichen Leben sicher. Eine Sicherheit, die mir zugefallen wäre, hatte ich ganz selten, aber sie ist mir nicht etwa vom Leben verweigert worden – ich habe sie nicht gesucht, nicht oft genug, nicht gleich, sie erschien mir zwischen all dem Vorläufigen und Drängenden wohl nicht wichtig genug.

Die Jugend und auch die sprichwörtlich »besten Jahre« waren fast vorüber, als mir bewusst wurde, dass ich einmal stehenbleiben sollte. Nicht, um zu ruhen, sondern um mich zu besinnen.

Ich hatte das Bedürfnis, darüber nachzudenken, wie das alles angefangen hat, wie sich die Wichtigkeiten verändert hatten – oder haben sie sich nur neue Namen gegeben, sich vielleicht in unterschiedlichen Verkleidungen immer wieder eingeschmuggelt und sich behauptet? Lohnt sich eine Art Gerichtstag über alte Entscheidungen, solche des Herzens? Soll ich auf die eine und auf die andere Seite verweisen, darauf, was sich später als goldrichtig oder zutiefst entbehrlich oder sogar als Fehler erwies, um meinen Blick zufrieden, fast hochnäsig, auf jenem Teil ruhen zu lassen, der mich aus naiven Anfängen herausgeführt, mir Wege gewiesen hat, von denen ich anfangs nicht ahnte, wie verlockend die Abzweigungen manchmal sein würden und mit wie viel Mühe, Beharrlichkeit und Spaß gerade sie ernst genommen werden mussten?

Es klingt kalt, wenn ich sage, es sei alles Schule gewesen, alles Zuführung von Erkenntnissen, die nötig und freilich anstrengend waren. Naja, es klingt nicht nur kalt, sondern auch nach einem Kompliment für die eigene Seele: versucht, erworben und weitergemacht.

Hab ich das allein geschafft? Nein, aber auch da will der prüfende Blick nicht so klare Teilungen schaffen.

Aber wie kann es sein, dass man dem Ende zugeht wie einem zu erleidenden Vorgang? Gezwungen, sich all jenen dunklen Einflüsterungen auszusetzen, die Grausiges vermitteln wollen? Ich ziehe doch nach einem verdammt bunten Leben nicht in eine Schlacht, in der ich leidend verenden muss.

So will ich das nicht. Deswegen habe ich alles so geregelt, als wäre ich noch anwesend.

Das eigentliche Trauma beim Gedanken an die eigene Vergänglichkeit ist die Vorstellung, dass man in die Erde gestopft wird, als Asche oder zur Verwesung, ins dunkle Finstere, und wenn Hölle, dann in der Tiefe, ganz unten, allein, ausgeliefert, ausgelöscht.

Aber das stimmt doch gar nicht. Wir sind doch nicht die gestorbene Person, von der wenige Leute oder die Menge Abschied nehmen.

Wir sind auch dann noch, was wir waren. Unser Tod wird, was unser Leben aus ihm gemacht hat. Was lassen wir denn zurück? Ein Rezept für Linsensuppe, die heute aber niemandem mehr schmeckt, obwohl sie in Hungerzeiten eine Festmahlzeit war?

René will verlorene Eier nur so, wie Oma sie gemacht hat, aber ihre Kinder und Enkel wissen nicht, was Omas Geheimnis war. Obwohl mehrere Anverwandte es René zuliebe schon unverdrossen versucht haben. Seine liebevolle Frau vor allem. Da hat er in den Topf geguckt und spontan gesagt: »Das ess' ich nicht.« Schon beim Angucken hat er sich gesperrt, die Erinnerung an Oma antasten zu lassen, dadurch, dass man ihm eine Variante für verlorene Eier anbietet.

Ich war bei der Trauerfeier von Oma. Und wieder entsetzt über den Quatsch, der da geredet wurde. So war die nicht – und ich habe mich nicht gewundert, dass erst beim Lied geheult wurde, sowohl von den Töchtern, Söhnen und Enkeln als auch von angeheirateten neuen Verwandten und sogar von der vorher so leiernden Rednerin. Auch der kamen die Tränen. Sie haben aber allesamt über das Lied geheult: »Time to say Goodbye …«

So will ich das nicht. »Sterben müssen wir alle« habe ich geschrieben. Und der Schluss des Gedichtes heißt: »Ich möchte gern vorher so leben, dass ich meinem Tod viel Arbeit mach …«, auch: »Wer zu klein gelebt hat, geht hinterher/in kein Lied, in kein Leben ein ...« Das meine ich noch immer, wenngleich mir sonst Rigoroses fragwürdig wird. Alle Großartigkeit braucht ihre Chance, sonst hat sie keine Dauer. Aller Sinn will in etwas eingehen, das brauchbar ist, das dann noch bleibt. Und vielleicht ein Angebot sein könnte, ein Beispiel für Leute, die sich gerade ewige Fragen stellen und kaum vorläufige Antworten finden.

Das Lebendige aus uns, das, was wir als Gedanken, als Moral weiterreichen wollten – und nenn es doch wie du willst, nenn es von mir aus simpel Andenken – das bleibt, da bleibt etwas, und vor allem geht nach, was uns mit anderen Menschen verbunden hat.

Ich versuche, mein Leben zu verstehen. Auch jene Zeit, als ich Anfang dreißig war, also jung, als ich anfing und meine Kraft oft genug verpulverte oder überflüssig Anstrengendes mit einem Mäntelchen tarnte. Ich brauchte jede Hilfe, die ich kriegen konnte, obwohl ich damals die Nase hoch trug bei der Einbildung, ich wäre dabei, es ganz allein und gegen eine Welt zu schaffen.

Es war nicht dumm, was ich mir da vorstellte, und mancher Versuch erwies sich als klüger und vernünftiger, als ich ihn selber schon empfinden konnte.

Die meiste Zeit fürchten wir uns vor Dingen, von denen nicht wenige uns als ewige Werte überliefert wurden. Ist Schicksal das, was uns einholt, auch wenn wir gerade mit tiefem Atem dem einzig Wahren gegenübertreten? Ich war weit davon entfernt, jemanden tatsächlich ablehnen zu können, wenn es ein Mensch war, der sich durch einen einzigen Fehler dem eigenen Lebensentwurf entgegengestellt hatte. Solchen bin ich begegnet.

Und ich erinnere mich: Es hat mich tief beeindruckt, in Rummelsburg, im Gefängnis, Männer zu treffen, die nach den Gesetzen schuldig geworden waren, aber keine

Schwerverbrecher, keine Mörder, keine für immer aus der Bahn Geworfenen. Dass ich ihnen begegnen durfte, verdankte ich der egoistischen Anwandlung meines Freundes Perry Friedman und eines Mannes, der bei uns im Schriftstellerverband immer der Genosse Baron genannt wurde. Natürlich hatte er einen Namen, er hieß Baron Gustav von Wangenheim-Winterstein. Aber es war zu amüsant, ihn als Genosse Baron aufzurufen, wenn auch ein bisschen albern. So war es manchmal vielleicht das einzige Lächeln, das da durch Versammlungen ging.

Diese beiden Männer hatten auf Anfrage herzlich zugestimmt, mit verurteilten Straftätern in Rummelsburg Kulturarbeit zu versuchen. Es war ihnen aber nicht so recht gelungen, und die Unlust wohl beiderseits. Der schweifende Blick der beiden Drückeberger traf mich, als wäre das naheliegend, und sie begründeten meine Nachfolge sowohl der Gefängnisleitung als auch mir feurig. Ich war geschmeichelt, war neugierig, sagte sofort zu, und nach Ablauf erstaunlich geringer bürokratischer Vorgänge ritt ich also hinter den Mauern der Eingesperrten zur kulturpolitischen Arbeit ein: mit hochgeschlossenem Pullover, ungeschminkt und mit strenger Frisur, schmucklos natürlich. Ich dachte, das würde ein neutrales Klima garantieren. Die erste Schwierigkeit erwies sich beim Suchen nach geeigneter Literatur für ein Programm zum 20. Jahrestag der DDR. Fast kein Liedtext ließ sich dafür finden. Ich erspare mir, das jetzt zu begründen. In den klassischen deutschen Texten kommen immer Zwänge vor, wenn etwas gerühmt werden soll. Es ist allemal erkämpft worden, da wurden Ketten gebrochen und Freiheiten gesucht. Das passte nicht. Aber natürlich kann man immer etwas zusammenstoppeln, wenn man das will. Also fanden sich Gedichtzeilen, oder ganze Verse, Lieder aus den Singeklubs, aber ich konnte ja keine Liebeslieder nehmen, die waren auch kein Programm für Straftäter. Gefühle möglichst nicht, also ein Versuch mit Satire, aber das konnte leicht ins Auge gehen. Wer war damit gemeint? Die Männer waren ernsthaft bei der Sache. Und ihre Höflichkeit, ihr Anstand mir gegenüber bleibt mir bis heute eine kostbare Erinnerung. Wie ich mich verhielt, entsprach dem, was ich für angemessen hielt. Von den kleinen Sünden abgesehen. Ich schmuggelte Zigaretten hinein, verteilte sie, ich gab den Männern, die zur Probe erschienen, die Hand, ich nannte sie bei ihrem Namen oder sogar Vornamen, und ich verbot mir Mitleid mit Ursachen, die ich nicht kannte oder besser: nicht kennen sollte. Die Sache ging nicht gut aus. Das Programm kam nicht zustande, weil sich nach einiger Zeit die Männer eifersüchtig gebärdeten und anfingen, sich zu prügeln, weil der eine sein Lied zweimal singen durfte, während ich es bei dem anderen ausreichend fand, dass er sein Gedicht nur einmal probte.

Ich wusste nicht, dass die Männer auf ihr Abendbrot verzichteten, um mit mir so lange zu proben, wie ich es für richtig hielt. Es gab junge Männer in Uniformen, die sich empörend pampig verhielten, weil sie den wehrlosen Männern gegenüber einen gemeinen Ton anschlugen. Das habe ich nicht hingenommen. Am glutheißen Tag verlangte ich von einem der Schnösel ausreichend Tee für die Männer, und obwohl er mir das höhnisch ausschlug, bemerkte ich, dass hinter seinem scheinbaren Selbstbewusstsein nichts steckte. Als ich ihm anbot, das Gefängnis zu verlassen und von draußen nach seinem Vorgesetzten zu rufen, kam der Tee ziemlich schnell. Die Männer hatten das nicht beobachtet, aber ich verstand etwas, das mich tief beeindruckte. Sie waren keine Kriminellen. Dann hätte man sie nicht in Rummelsburg ihre Haft absitzen lassen. Ihr Strafmaß galt eher als gering. Der am längsten einzusitzen hatte, war zu zwei Jahren verurteilt worden. Ich wusste vorher nicht, dass Rummelsburg dafür ausersehen war, Leute zu bestrafen, ihnen aber eine Chance einzuräumen. Soweit kann das Gericht gehen. Aber die Zeit im Gefängnis ist nicht der eigentliche Spruch, nicht das eigentliche Urteil. Ich sah den langen, jungen Mann, den höflichen, gebildeten, der auffällig blass war. Und etwas war in sein Gesicht geschrieben, das würde niemand mehr löschen. Obwohl ich nichts wissen sollte über die jeweilige Tat, sagte es mir doch einer: Er war Medizinstudent, hatte bei seiner Freundin einen Abortus vorgenommen und ihren Tod verschuldet. Wie immer das geringe Maß an Haft zustande gekommen ist, die er nun ableisten musste, dieser eine Fehler, den er in sein Leben gebracht hatte, war für seine Zukunft zerstörend. Er würde nie Medizin studieren können, niemals Arzt werden, und wie er auf mich wirkte, würde er den Tod seiner Geliebten nicht verwinden.

Ein anderer, klein, wirbelig, hatte in die Kasse des Plattenladens gegriffen, in dem er als Verkäufer arbeitete. Er hatte 18 000 Mark der DDR geklaut, um seinen Lebenstraum zu verwirklichen. Er wollte mit Künstlern eine Tournee organisieren, ach, wollte bei ihnen sein, dazugehören, und sie gut bezahlen. Es flog auf, und er stand ganz allein vor Gericht, nun der Alleinschuldige, und von den Gagen der Künstler kam ihm keine zur Ableistung seiner Schulden zu Hilfe. Jahre später stand beim Buchbasar auf dem Alexanderplatz plötzlich ein strahlender Bekannter vor mir. Er war es, er verkündete mir, er sei nun mit einem kleinen Management zufrieden und glücklich, denn er mache Tourneen mit Künstlern.

Zum 20. Jahrestag der DDR wurde ich ruhmlos rausgeschmissen. Das Programm war nicht fertig geworden, und es sah auch nicht danach aus, als würde es je zur Freude anderer aufgeführt werden können. Aber in dem Brief, in dem mir der Abschied gegeben wurde, war das nicht als Grund benannt. Ich konnte keinen erkennen und meldete mich also beim Chef der Verwahranstalt: ein ernster Mann, der mir gegen meine Erwartung sympathisch war. Er sagte: »Sie wissen es nicht, aber sie haben Unruhe unter die Männer gebracht. Die haben außer Ihnen und einer alten Ärztin keine Frau zu Gesicht gekriegt. Und wenn Sie Zeit und Kraft übrig haben, hätte ich eine größere Aufgabe für Sie. Die Strafgefangenen sind anderthalb oder zweieinhalb Jahre hier. Die Angestellten viel länger. Und das ist mein Problem. Die gewöhnen sich hier ein, und nach einiger Zeit fangen sie an, ihre Familie genauso zu behandeln wie die Männer, die sie tagsüber streng behandeln dürfen. Da würden wir ein bisschen Kultur und etwas in Richtung Anstand und Moral sehr gut gebrauchen können. Es wäre nötig.« Ja, das war es sicher. Aber ich machte mich mit einer Erfahrung aus dem Staub und hatte nicht die geringste Absicht, dort noch einmal Kraft aufzuwenden.

Die Nachdenklichkeit, die mir jene Männer mit auf den Weg gegeben haben, hielt sich in meinem Gehirn nicht lange als verlorene Zeit. Der Gedanke, der sich da formte, war für mich wichtig: Sieh zu, dass du die Maße für Anstand und für großartig scheinende Handlungen allmählich findest. Red dich nicht heraus auf andere, die es zu was gebracht haben, indem sie lernten, leichtsinnig oder skrupellos zu sein.

Ich lernte zu verstehen, dass ich weder das Erbe meiner unseligen Eltern antreten noch darauf verzichten musste, nach etwas zu streben, das aus Mühe und Arbeit die kleine Blume »Geht so« werden ließ. Ich bin Menschen begegnet, die waren berühmt. Und unzufrieden mit allem, was ihr Leben ausmachte, weil etwas fehlte.

Ich erinnere mich an Eduard von Winterstein. Er war ein großer Schauspieler und hat nach dem Ende des Krieges mit seinem *Nathan* die Menschen erschüttert.

Ich war journalistische Anfängerin, als ich ihn interviewen durfte. Mit Herzklopfen näherte ich mich seinem Haus, den Kopf voll von Fragen und eben über ihn Angelesenem.

Und da saß er, ein wunderbarer Schauspieler, der auf der Bühne Grausames und Großartiges verkündete. Seine Stube war kalt, er saß auf einem unbequemen Stuhl an einem runden Tisch, und ich versuchte, von ihm etwas zu erfahren, was noch nicht in der Zeitung gestanden hatte. Aber er hatte keine Lust, über sein Leben zu reden, denn er war übellaunig. Nicht mit dem Weltall schlechthin, sondern wegen seiner Schwiegertochter, die den Gustav verlassen hatte, um mit ihrer Freundin nach Weimar abzuhauen. Dorthin, wo sie in glücklichem Bunde noch Jahrzehnte zufrieden lebte, ihre Bücher schrieb und sich um die angeheiratete Familie einen Dreck kümmerte.

Der alte Mann, der große Heroe, wollte von mir ein verdammendes Urteil über eine Frau, die ich gar nicht kannte. Irgendwie kriegte ich da beim Reden etwas Ungerechtes zustande, was ihm ausreichend recht gab. Dann wollte er wissen, wie ich die Stücke seines Sohnes finde. Wie fand ich sie? Ich hatte noch keines gesehen. Auch da redete ich ihm und seinen krassen vernichtenden Worten zu Munde.

Als ich frierend aus dem Haus ging, wusste ich nicht mehr über den großen alten Schauspieler als vorher Angelesenes. Ich weiß nicht, ob er immer so unzufrieden und unglücklich war. Aber ich wusste auch nicht, wie ich das hätte erfahren sollen.

Nun bin ich beinahe so alt wie der alte Mann damals. Was vor mir liegt, ist die kürzere, die kleine Strecke. Aber ich habe dieses Lied geschrieben, in dem der junge Freund nicht in die Erde gestopft wird, sondern sich von der Erde hebt. Das war kein Ergebnis langer Grübelei. Es war einfach so, wie ich es empfinde. Und seither habe ich ein paarmal von mir sehr nahen Menschen gehört, dass sie über diese Zeile nachdenken. Dass in ihr ein Trost liegt. Ich will nicht sagen, dass ich darüber glücklich bin. Das Wort trifft es nicht. Aber es tut mir gut. Weil ich denke, wenn es mich von der Erde hebt, dann habe ich doch etwas zurückgelassen, das einer Verliebten, einem Ratsuchenden, einem Freund, einer Trauernden für einen Moment Trost geben könnte. Dafür habe ich gelebt, danach habe ich gesucht, Fehler gemacht und aus ihnen gelernt.

Bis jetzt konnte ich mir die eine Frage nicht beantworten: Welcher Irrtum, welcher falsche Vorsatz für das eigene Leben ist nicht durch Einsicht und, wenn es sein muss, rigorose Veränderung aus unserem Leben zu löschen? Wann sind wir verurteilt, bitter zu werden über eigenes Vertun, wann unversöhnlich über Handlungen, die wir hinnehmen mussten, vom Freund, vom dummerweise Geliebten?

So kann man leben: Verzeihe nichts, dir würde auch keiner verzeihen.

Es mag verständlich sein, aber es lohnt sich nicht.

Ich glaube, was wir am Ende noch spüren, ist die Freude über das, was schön gewesen ist, gut getan hat – was immer daraus wurde.

Noch lachen können, noch verstehen, was man selber nicht so machen würde. Wir sind ja dann erwachsen, mindestens, alt sowieso – hoffentlich sehr alt.

Und ich möchte auch noch weinen können. Bitterlich, sentimental, egal.

Noch alles spürn, noch alles fühlen, noch fast alles wissen, bis zum letzten Moment. Bis es mich von der Erde hebt, bis ich durch fremde Wolken fahr'.

In einer Weise hatte ich mich überschätzt. Wir haben das Lied von Dirk mit dem Publikum zusammen aus der Taufe gehoben. Für mich ist es wichtig, auf der Bühne immer die Fassung zu bewahren. Lachen und Tränen müssen gezähmt sein. Das ist bei diesem Lied für die Menschen vor mir und für mich sehr schwerig.

DAS EINFACHSTE

Wir wollten Schuhe kaufen gehn, aber wie meistens wurde nichts daraus. Und weil sie angefangen hatte, konnte sie nicht aufhörn ...

Ich hab vorher nicht gewusst, ob es das wirklich gibt, also eher nicht. Dass es das Einfachste von der Welt sein kann, das hat mir keiner gesagt. Man liest es, ja, aber deswegen glaubt man es doch nicht. Nicht für sich selber, da müssen schon andere kommen.

Und auch nicht für immer, so ohne jede Einmischung von außen, wo mal keiner seine Meinung reinkippt, obwohl man sich natürlich denken kann, was sie sagen würden. Verstehst du, wovon ich rede?

Klar. Passiert ja fast jedem jeden Tag, dass die Glocken läuten, und man nichts hört.

Er hatte wunderbar leichte und sichere Hände.

Haben die meisten. Man wundert sich, woher die so leichte und sichere Hände haben.

Ich weiß nicht, ob wir uns was gefragt haben. Kann ja sein, dass er Schulden hatte und sich eigentlich an diesem Abend umbringen wollte, und deswegen war ihm schon alles egal.

Der hatte das Programm in der Zeitung gelesen. Da ihn nichts interessierte, musste er ja was anderes finden. Und das warst

90

dann du. Gar nichts Besonderes. Klar, wir sind a'le zusammen
und jeder Einzelne was ganz Besonderes. Exemplare, Einzel-
ausgaben, Unikate ...

Ja, ja, es hätte auch eine andere als ich sein können.
Das sag ich mir so, dran arbeiten tu ich nicht. Aber da
war ein Moment, als wir die Dusche abgestellt haben.
Kann man nicht erklären – er hat an mir vorbei nach
dem Badelaken gelangt, sich dabei federleicht auf mich
gestützt und sein Gesicht an meins gelegt. Da war so ein
Wissen um mich, so ein Vertrauen, dass ich ihm gewiss
nichts tun würde, – und dann hat er das Handtuch um
mich rum drapiert, mich wie fürn Laufsteg ausgestattet,
aber wohl eher, als ob ich ein Kind wäre, das vor Kälte,
vor ihm oder vor fremden Menschen geschützt werden
muss.

Die unerfüllten Lieben reichen im Leben weit. Es hat sie noch
nichts getrübt. Sie sind noch ganz geschützt vor all dem, was
man normalerweise aushalten muss. Das Teuflische ist, dass
sie einen auch vor dem schützen, was beinahe genauso gut
gewesen wäre. Ein großes Gefühl, das noch gar keine Arbeit
gemacht hat.

So hoch würde ich das nicht hängen wolln. Er brauchte ja nicht zu werben, wir waren beide müde, satt und
zufrieden. Das hab ich gedacht, oder empfunden. Aber
dann haben wir so nebeneinander gelegen und das war –
ja, vielleicht wie bei Adam und Eva. Egal, was hinterher
passiert, jetzt ist es Er, und jetzt bin es Ich.

Ziemlich blöd, so einen Augenblick im Leben zu zerstörn. Man
fühlt sich vielleicht besonders klug und erfahren, wenn man
späterem Schmerz vorbeugt und damit unnötigen herbeiruft.

Ob ich hinterher geweint hab? Weiß ich nicht. Ist so eine dumme Angewohnheit von mir, warum auch immer. Es hätte nichts gemacht, es war alles so einfach. Das Einfachste von der Welt. Er hatte mich rübergezogen, ich wog gar nichts, lag da auf ihm, und so sind wir eingeschlafen. Er hat nicht mal gemerkt, wie ich aufgestanden bin. Zum Bahnhof bin ich gerannt. Ich hab im Zug gedacht, er wird mich finden. Hoffentlich nicht, aber wenn doch, dann geb ich alles auf, weil's dann so sein soll.

Dazu hattest du ja ganz prima auch wenigstens eine kleine Chance hinterlassen. Oder nicht? Ich meine irgendetwas, was eine Mühe in Gang setzen konnte. Ein Hinweis. Ein Brücklein klein, über das er hätte laufen können.

Ich hab ihn nie wiedergesehn. Und dass ich dann Tom geheiratet habe, war sehr vernünftig. Besser hätt' ich's nicht haben können. Nein, wir haben nie zusammen geduscht. Es war lange gut, alles angeschafft, Kind, das war's, ja. Sonst noch, weiß nicht. Ich hab ja nicht viel erlebt.

Nehmen wir mal an, du würdest deinen Thomas verliern.

Er ist nicht mein Thomas. Er ist nur sein eigener Thomas. Immer und umfassend sein eigener. Er sagt, dass man sich nie total in die Hände von einem anderen Menschen begeben darf. Sonst ist man am Arsch.

Wenn du ihn verlieren würdest, was würdest du zuerst in deinem Leben verändern?

Das Bett. Ich würde das Bett rausschmeißen und mir ein ganz anderes anschaffen. Ich weiß welches, und ich würde reingehn und ein Jahr nicht mehr rauskommen.

Aber nein, nein! Du doch nicht. Du würdest doch mitten im
ersten Schlummer aufspringen, rausrennen, damit du auch
ja den nächsten Zug zu jeder Rückkehr erwischst. Vor voll-
kommenen Augenblicken hast du doch mehr Angst als vor
Albträumen.

Man muss Thomas auch verstehen. Er hatte vor mir
nur eine gewisse Bärbel, die es liebte, wenn er ihr Knie
streichelte, da wurde sie ganz wild. Ist bei mir nicht so.
Fand er abartig, weil er an das Knie ja gewöhnt war,
weiter musste er sich nichts einfallen lassen. Meinte, da
könnte man dann nichts falsch machen, und er würde
schon gerne wissen, ob ich auch so 'ne Stelle habe.

Hast du doch. Wenn einer an dir vorbei nach dem Badelaken
greift, sich federleicht auf dich stützt und dabei sein Gesicht
ganz leicht an deine Wange lehnt, dann hörst du auf einmal
auf, etwas zu wiegen. Du lässt dich einfach so rüberziehn, liegst
auf ihm, und dabei schläfst du ganz leicht ein. Das ist der
höchste Beweis von Vertrauen, Zueignung und Zuneigung, die
ein so schlafgestörtes Wesen wie du einem Mann geben kann.
Aber vielleicht kam das ja erst viel später, und damals war es
nur das Einfachste auf der Welt.

Thomas hat nicht mehr gewusst als ich, und so ist es
geblieben. Immer verpeilt, immer war's vorbei, ehe was
war. Und immer so gönnerhaft.

Wie hast du aufstehen können, wie hast du wegrennen können,
wie konntest du damit ganz einfach weiterleben?

Außer den beiden war ja vorher nur der ANDERE. Ich
war fünf Tage seine Mitarbeiterin. Was für ein blöder
Begriff, das meiste musste ich ja doch alleine machen.
Er hat mir erklärt, dass er mit Leib und Seele Politiker

ist, im Büro, im Straßenverkehr, im großen Entwurf und im Bett. Es lief ja nicht lange. Ich dachte doch, der blickt voll durch. War aber nicht so. Er hat mir erklärt, dass seine Gefühle für mich zu groß sind und ich ihn zu sehr vereinnahme, das macht die Frau nicht. Die weiß, wer er für draußen ist, und dass es eben drinnen auch so sein muss. Weil es die große Rolle spielt.

Und? Wozu warst du denn bereit nach dieser blöden Erfahrung? Genau so was erleben wir fast alle. Es kann immer wieder mal stattfinden, solange wir drauf reinfalln. Das Andere passiert, es passiert, und dann bist du niemand als dieses nackige Ich.

Naja, in das Hotel kam ich erst als Letzte und wollte was essen, er kam ja noch nach mir, es war kalt, saukalt, wie in Sibirien vielleicht. Wir wollten das nicht, beide nicht. Er kam in mein Zimmer, und wir hätten auch fernsehen können. Nichts muss, und nichts darf nicht. Das hab ich sonst nie erlebt. Zwischen uns war so was ganz Leichtes, kein Missverständnis. Jeder wusste gleich, was der andere meinte. Und nichts war peinlich. Jedes Wort war wie 'ne Feder in der Luft. Legt sich drauf, tut gut. Er hat gelacht, was ist denn das, dich kenn ich wie von Anfang an. Und mir gings genauso. Lachen und Heulen und von beidem nix. Ich hab nicht gedacht, dass ich besser mein neues Blaues anhaben sollte. Es war alles wie ewig geübt und so einfach.

Er allein kann es nicht geschafft haben. Wärst du an dem Abend viereckig gewesen, ihr hättet euch schnell getrennt. Du musst ihn angesogen haben. Er hat dich erkannt.

Irgendwas hat uns an die Hand genommen, und uns unter die Dusche gestellt. Ich wollte ihn, das hab ich so nie mehr erlebt. Verliebt? Klar, in der Schule. Dauernd! Immer in einen, der einen nicht angeguckt hat. Das schützt auch vor Enttäuschung, sich dauernd zu verknallen. Aber das ist es ja nicht.

Nein, das ist es nicht. Und nichts, was im Leben später dem Alltag ausgesetzt ist, kann dem Vergleich standhalten. Der arme Thomas gähnt vor dem Fernseher oder popelt mal, er lässt sich ins Bett falln und schickt dir noch ein Luftküsschen rüber, allenfalls. Er denkt nicht dauernd darüber nach, was für dich gut wäre, weil er meint, was er für die Familie tut, das ist schon alles, was einer leisten muss. Alles andere, alles andere ...

Manchmal, wenn ich dusche, strecke ich die Hand genauso nach dem Handtuch aus, versuche die gleiche Bewegung. Einmal ist mir der Arm stehen geblieben, Augenblick eben, und dann kam wieder so ein Heulen die Kehle hoch, und ich dachte: so nicht; und habs runtergedrückt, bin doch kein Wolf. An dem Tag hab ich Bolognese gemacht, musste ich. Die Familie hat's gegessen, als wärn's Bratkartoffeln, die gibts montags, weil ich für Sonntag immer zu viel schäle. Dass auch ja alle satt werden.

Neinnein, ich bin nicht unglücklich. Mehr kann der Mensch nicht kriegen. Wenigstens, dass er was von sich weiß, was er vielleicht nie wieder gebrauchen kann.

Warum hast du dem anderen nicht ein bisschen Geld auf die Brust gelegt? So nach dem Motto: Gut' Nacht, Marie, auf Fensterbrett liegt Geld.

Na sag mal, Georg war doch keine Nutte. Er war der feinfühligste Mensch, dem ich je begegnet bin. Er hat mich so berührt wie niemand vorher und nachher.

Ja, und dafür hast du ihn ja auch mit deinem Goldkettchen auf die nackte Brust großzügig bezahlt. Die Ehre, ihn zu wecken, ehe du abhaust, hast du ihm nicht angetan. Da war das Kettchen nicht mehr wert als ein Geldschein. Passt doch ganz prima zu deiner Meinung über Thomas. Seid ihr euch doch sehr ähnlich. Immer schön Haltung bewahrn, immer vernünftig, immer auch an den nächsten Tag denken. Bloß nicht, dass der andere einen zu sehr durchschaut, das kann er dann irgendwann benutzen gegen mich. Der feinfühlige Georg hatte mit aller Hingabe nicht das geringste Recht an dir erworben. Du hast dich benommen, als ob zu Hause ein eifersüchtiger Gatte wartet, und du müsstest vor ihm Rechenschaft ablegen.

Nein, nein, nein. Ich bin abgehaun, weil ich es da gerade noch konnte. Noch ein Tag mit ihm, und ich hätte mich an seine Fersen geklebt bis zum Lebensende.

Normale Leute bleiben in so einem Moment und nehmen auf sich, was er halt mit sich bringt.

Ja, das mit dem goldenen Kettchen. So war das nicht gemeint. Ich musste was von mir dalassen, weil ich mir nicht vorstellen konnte, dass ich weggehe, wirklich weggehe, mit allem, was ich bin.

Er hat etwas gemacht, was nicht einmal meine Mutter konnte: Er hat sich die ganze Zeit um mich gekümmert, als ob sonst auf der Welt nichts wichtig ist. Und keine Frage gestellt. Es war das Gegenteil von allein. Das ist doch das Schlimme an den meisten Männern: Man ist bei ihnen so allein.

Tom kocht das beste Gulasch der Welt.

Ja, aber ich bin leider keins.

Und wie er mit den Kindern umgeht.

Ja, aber ich bin leider keins.

Wenn du wüsstest … Tom ist das Einfachste vor der Welt. Ich meine, wenn ich ihn so mit den Kindern sehe, dann ist es für ihn das Einfachste von der Welt, sie so zu beschäftigen, dass sie weder nerven noch nach dem wichtigsten Gerät greifen, um sich unterhalten zu lassen. Nein, das alles meine ich eigentlich nicht. Manchmal steht er so da, als wenn er sich nichts anderes wünschte, als mit der rechten Hand nach einem Badelaken zu greifen und mit der linken … Ja, was weiß ich.

KEIN STEIN AUF DEM ANDERN

Eines schönen Tages klingelte es an der Tür unserer geräumigen Wohnung in der Schönhauser Allee. Das war damals nicht ungewöhnlich. Wenn ich mir vorstelle, ich sollte heutigen Tages unter den damaligen Bedingungen arbeiten, dann scheint es mir sehr unwahrscheinlich, dass mehr als ein netter Vierzeiler zustande käme. Damals, das meint die Zeit in der Mitte der sechziger Jahre, guckten wir auch nicht erst durch den Spion, sondern rissen vor freudiger Erwartung die Tür immer gleich aus den Angeln.

Eines schönen Tages stand also ein junger Mann vor der Tür. Ich kannte ihn nicht, und er war auch nicht angemeldet, aber von der Schulter baumelte ihm die sichere Eintrittskarte: eine Gitarre. Er grinste mich mit schönen Zähnen an, beiderseits taten wir freudig überrascht, und ich bat ihn auf alle Fälle erst einmal herein. Wenn ich mich recht erinnere, dann blieb er für die nächsten drei Tage. Nein, nicht ständig. Er ging schon seinen Dingen in der großen Stadt nach, aber er kehrte immer wieder, denn er wohnte nicht hier. Die Stadt, in der er dann die Approbation als Arzt erhielt, seine Familie hatte und mit einem sehr jungen Mädchen verlobt schien, war Leipzig. Allerdings sprach er über die Arbeit als Mediziner sehr abfällig, und es schien ihm ein abscheuliches Gebiet der Wissensbildung zu sein. Damals schimpfte er nur auf seinen aktuellen Arbeitsbereich, aber es gab später nichts, was er nicht ebenso vernichtend bewertete. Ob es die Unterhaltungskunst war oder deren Künstler, ob die Organe, die seine Lieder verbreiteten, immerhin am Ende zehntausend an der Zahl und darunter leuchtende Hits und wirklich schöne Beispiele von Einfall und Umsetzung. Das hat zu Preisen geführt, unter anderem dem Kunstpreis der DDR und später auch dem Nationalpreis. Aber Demmler verstand, jeden Erfolg und jede so talentvolle Arbeit immer mit düsterem Schatten des Verdachtes zu bewölken. Er sah niemals einen Erfolg als das Ergebnis von Zusammenarbeit an, denn er war überzeugt, dass er umgeben war von Neidern und Übeltätern, die ihm seine Arbeit und sein Talent missgönnten. Nicht nur das, er glaubte ebenso fest daran, dass Tag und Nacht daran gearbeitet wurde, ihn zu vernichten. Das heißt: ihn als übermächtige Konkurrenz abzuschaffen. Ich weiß, dass es nicht nur mir so ging, auch andere sahen in ihm hocherfreut eine Begabung für das oft so seicht bediente weite Feld, auf dem wir doch alle ganz gemütlich gemeinsam grasen konnten. Es brauchte wirklich so jemanden wie ihn, der ebenso heiter, ironisch und manchmal auch tiefernst ausdrücken konnte, was sich mit seinen Versen im Lied scheinbar leicht zu singen schien, und was doch anderen so gänzlich misslang.

Aber das sind spätere Erkenntnisse. Man nennt so etwas wie seine Karriere manchmal kometengleich und meint damit, dass jemand nicht die übliche Zeit verliert, um sich durchzusetzen. Aber so wie er seinen Arztberuf aufgegeben hatte, so verstieß er auch an anderen Stellen gegen jede Üblichkeit. Gerade er, der von jedem im Umgang mit ihm ein maximales Maß an Offenheit, Hilfe und Selbstlosigkeit forderte, konnte von solchen Tugenden nicht einmal träumen. Die dunkle Seite seines Wesens, von der wir alle nichts ahnten und die doch den ganzen Charakter verschattete, hat ihm unentwegt menschliche Verluste auferlegt, die er weder fair hinnahm noch je verzieh.

In späteren Jahren hatte ich vielfache Gelegenheit zu beobachten, dass er recht hatte. So wie er mit den Dingen umging, mussten sie für ihn schwierig sein. Aber das alles ist späteres Wissen.

Ich sah ihn damals mit großem Appetit essen und ließ ihn reden.

Um mich herum und mit mir lebten Töchter, von denen ich nur eine geboren hatte. Die Nenntöchter hatte mir entweder jemand mitgebracht, und ich nahm sie an mein Herz, oder sie fühlten sich bei meiner Tochter wohl und bei mir verstanden. Diese jungen Frauen waren intelligent, und uns einte eine wunderbare Sache: Wir liebten Lieder, und das verband uns auch mit den männlichen Anfängern. Regina Scheer und meine Kirsten holten sich beim Lyrikwettbewerb in Berlin ohne mein Zutun den ersten Preis. Reinhold Andert schrieb eigenwillige Texte, die Thalheim oder Aurora Lacasa wussten beeindruckend zu singen, und Bettina Wegner versuchte sich in beidem. Und wie konnte es anders sein, als dass sich in der Nähe solch verheißungsvoller Geschöpfe auch immer das andere Geschlecht einfand – mit oder ohne Gitarre und voll des edlen Dranges. Sie waren in einem Alter, in dem man alles infrage stellt, wozu man als Schüler oder Lehrling oder Student ja viele Möglichkeiten hat. Die Studenten sahen jeder Sache ins Herz und aufs Maul, sie schienen zu erkennen, worin sie aufgehalten wurden und wie sie am besten zu fördern wären. Diese jungen Leute, die singenden, dichtenden, suchenden waren damals ein sehr wichtiger Teil meines Lebens, das ich mir eben aufzubauen begann. Ich war nie zu müde, mein Trabant nie zu überladen. Meine Kochtöpfe waren groß genug für Pferdegulasch, Kartoffelsuppe oder ungarische Hähnchen. Auch Jürgen Walter, sehr jung und mit noch gerade einer Mark versehen, rief mich für 20 Pfennig an, kaufte mir für 50 Pfennig Veilchen und kam mit den letzten 30 Pfennig vor unserer Haustür an. Er rannte die Treppen hoch, wurde freundlich empfangen, aß eine riesige Portion Gulasch, reihte sich ein und blieb, bei Lichte besehen, bis heute, nämlich fünfzig Jahre. Ich hatte keine Ahnung, was er mir im Verlauf dieser Zeit abverlangen würde, was ich seinetwegen gelernt habe, beobachtet, beim Denken verändert und beim Dichten zu meinem Erstaunen zusammenbrachte, und wie reich er mir als Freund und Lanzelot beistehen und mich immer herausfordern und mir danken würde

Diese jungen Leute empfingen den Eleven namens Kurt Demmler aus Leipzig, indem sie ihre Reihen mal kurz öffneten und ihn hereinließen in die damaligen Verabredungen und vor allem in diese bis heute für mich kostbare Art, miteinander umzugehen: weil du es sagst, glaube ich dir. Sollte sich anderes herausstellen, können wir immer noch darüber reden. Weil du mir zuhörst, versuche ich, nicht langweilig zu sein. Wenn wir zusammen an die Arbeit gehen, machen wir etwas, wozu es uns beide braucht.

Einmal redete er und redete, und wir waren gerade allein. Nachher würde er wieder abhauen, neu auftauchen oder länger wegbleiben, sich melden oder auch nicht. Ich merkte an mir erste Zeichen von Ermüdung. Er war eigentlich ein gut aussehender Junge, Anfang zwanzig, mit forschendem Brillenblick, einem dröhnenden, aber offenen Lachen und einer immer vibrierenden Stimmung.

Aber da, damals und unvergesslich, nahm er die Gitarre in die Hand und sang mir ein paar Liederteile vor. Ich kann mich an keinen Vers und an keine Melodie mehr genau erinnern. Sie sind später überdeckt worden von jenen Liedern, die ich mit Andacht und großem Respekt vor seinem Talent gehört und in mir behalten habe. Sein Spektrum reichte ja dann vom »Farbfilm« für Nina Hagen über das eindringliche Lied für einsame Frauen

»Maria« und bis zu »Tritt ein in den Dom« und »Nach der Schlacht«. Wunderbare ergreifende reife Lieder.

Es gab fast niemanden in der DDR, für den Demmler nicht Texte für die Bühne geschrieben hat.

Da war er schon weit von mir entfernt, da hatte es Vorgänge gegeben, die ich nie verstanden habe. Aber es blieb immer etwas, dem ich die Treue hielt. Damals dachte ich, so singt einer, dem man eigentlich gar keinen Rat auf den Weg geben kann. Obwohl er ihn unentwegt zu verlangen schien. Aber ich konnte nie mehr wirklich glauben, dass er von mir auch nur einen Hinweis gebraucht hätte.

Er sagte: Ich hab keine eigenen Texte, zeig mir doch einmal ein paar von dir. Ich war kaum Mitte meiner dreißiger Jahre, selber am Anfang, also schreibfreudig, begeistert vom Leiden des suchenden Herzens.

Ohne länger nachzudenken, gab ich ihm zwei Texte. Wenig später bekam ich von ihm daraus zwei schöne Lieder. Das erste begann: »Wer bin ich und wer bist du / schließ mir nicht die Augen zu / alle Liebe geht zur Ruh / ich bin ich und du bist du ...« Dieses Lied wurde in den Singeklubs von den jungen Leuten gesungen und herumgereicht, sodass ihm die Wurzeln abfielen und es ein Lied von allen für alle wurde. Das war eine Rose in die Vase zimperlicher, störanfälliger Freundschaft. Das zweite Lied war das kostbare »Freundin, ach meine Freundin / unter demselben und dem verschwundnen Mond / haben wir beide / ach meine Freundin / uns gleichermaßen beigewohnt«. Das war ein schönes Chanson. Demmler hat es nicht lange gesungen. Dann begann jener Strom, der aus ihm selber kam.

Einmal waren viele von uns gemeinsam zu einem Wochenende von Liederleuten, die sich – von der FDJ organisiert – unter einem längst vergessenen Motto zu Lust und Liedern trafen. Wir saßen um einen großen

Tisch herum, neben ihm seine damals sechzehnjährige Freundin und spätere Frau. Jemand aus der Küche trug einen Teller Erbsensuppe mit einer riesigen Bockwurst herein und stellte ihn vor einem am Tisch ab, der zum Löffel griff und erst mal kostete. Demmler sah das, wurde von einer schier unbeherrschbaren Erregung ergriffen und konnte den Blick nicht von dem Teller lassen. Er herrschte seine Freundin an, warum sie nicht dafür gesorgt habe, dass der Teller vor ihm landete. Ich versuchte, ihn zu beruhigen, weil es wohl kaum die letzte Portion war, welche da die Küche verlassen hatte. Aber genau diese Angst beherrschte ihn. Die befremdeten Blicke der anderen am Tisch, die Zurechtweisung durch einen von ihnen und die aufkommenden Tränen seiner Freundin hinderten ihn nicht. Nun wäre ein halb verhungerter, anderer Mensch an seiner Stelle vielleicht aufgestanden, in die Küche gestürmt oder hätte einen Ober überfallen und ihm den Teller aus der Hand gerissen. Aber das machte Kurt nicht. Er blieb sitzen, starrte, litt, und als endlich vor ihm und seiner Freundin die Teller standen, nahm er als Erstes seiner Freundin ihre Bockwurst weg. Das Mädchen kannte dergleichen und sagte nichts. Aber ich habe diesen Moment nicht vergessen, schob ihn weg, weil Demmler dann auf der Bühne stand und sang. Ich wollte es nicht wahrhaben und hätte mir lieber eingeredet, er habe da nur versucht, einen Witz zu machen, der ihm eben nicht gelungen war. Aber das stimmte nicht, und ich wusste es. Es war ja auch nicht so wichtig wie jener zweite, wohl unvermeidbare Moment. Wir waren zusammen im Lyrikkeller in Pankow, wo er im Duett mit meiner Tochter Kirsten dieses erste »Wer bin ich …« sang. Es war schön, alle wollten ihn weiter singen hören, und er gab ihnen nach, es war da Altes und Neues und Halbfertiges und Vollkommenes, und schließlich gehörte der Abend ihm.

In unserer Wohnung hatten wir ihm das »Schächtelchen« eingeräumt, das winzige Nebengelass, in dem früher vermutlich ein Dienstmädchen nahe dem Herd geschlafen hatte. Es war darin wirklich nur eine Liege, ein von Peter Hacks geschenktes Stühlchen aus dem Biedermeier, an der Wand hoch ein Bücherregal und in der Nische ein großer Spiegel möglich. Nicht einmal ein Öfchen war darin, aber Kirsten liebte dieses Räumchen, hatte es ganz selbstverständlich zur Verfügung gestellt, denn ebenso liebte sie es, neben mir zu schnattern und zuzuhörn, bis wir endlich einschliefen.

Sie kam etwas später zu mir und schäumte vor Wut. Der edle Jüngling hatte sie brüsk, taktlos und ohne jede Romantik aufgefordert, ihn erst noch sexuell zu befriedigen, ehe sie abhaut. Nahezu übellaunig hatte er nachgefragt, ob sie vielleicht wolle, was er tun müsse, damit er schlafen könne. Sie habe ja sowieso nichts Besseres vor und stünde dumm in der Gegend rum.

Mein erster Impuls war, ihn aus der Wohnung zu entfernen. Aber dann redeten wir uns das gegenseitig aus.

Am Morgen beim Frühstück holte er seine Gitarre und spielte uns vor, was er in der Nacht geschrieben hatte. Es war das Lied: »Zart soll es bleiben ...« Wollte er sich damit bei uns für seinen »Ausrutscher« entschuldigen? Wollte er sagen, dass er eigentlich nicht so sei, nicht Mr. Jekyll und Mr. Hyde?

Ich wusste es so einzurichten, dass er nicht mehr bei uns übernachtete, denn ich wollte nicht, dass meine sechzehnjährige Tochter unter meiner Gastfreundschaft zu leiden hätte.

Wenig später erfuhr ich, dass er einen Keil zwischen mich und eine mir sehr liebe Kollegin getrieben hatte. Sie war klug, und wir waren auf dem Weg zu einer Weiberfreundschaft. Als Journalistin bei DT 64 war sie für ihn eine interessante, fördernde Person. Und da er auch ihre Gastfreundschaft gern nutzte, wollte er wohl nicht, dass wir uns austauschten. Marianne und ich haben später über die Missverständnisse von damals den Kopf geschüttelt. Er sagte ihr, ich hätte ihr jegliche Kompetenz zur Einschätzung literarischer Produkte rigoros abgesprochen. Sie solle sich gefälligst um Sendungen für uns kümmern, aber nicht versuchen, Kritikerin zu sein. Wir haben uns später darüber gewundert, wie dünn das Eis war, auf dem er da ging. Ein Anruf hätte doch genügt, aber vielleicht kannte er uns so gut, dass er wusste, wir würden beide zu stolz sein, etwas aufklären zu wollen.

Die nächste Gelegenheit, Scharten auszuwetzen oder Missverständnisse aufzuklären ergab sich durch die erste Werkstattwoche der Singeklubs, die in Halle auf der Insel stattfinden durfte. Das kostete Geld und Organisation, aber da es noch nicht sicher war, ob diese vielen jungen Menschen, die des Singens nie müde wurden, nicht vielleicht überzeugende Verkünder von Tageswahrheiten und gewünschten Stimmungen sowie von oben verordneter Sicht und Moral sein könnten, wurde ihnen ein weicher Teppich unter die Füße gelegt, auf dem sie einmal sogar ohne allzu sichtbare Nötigung oder überflüssige Weisungen trampeln, tanzen oder wenigstens zueinander und zum Staat hin laufen konnten. An solcher Absicht war viel Illusion, war auch grandioses Missverständnis und doch auch ein Teil Reifung. In den Liedern damals war Zärtlichkeit, ähnlich wie bei den südamerikanischen Caballeros oder den afrikanischen Gruppen, den unermüdlichen Russen und vielen anderen, die wir dort und später trafen, die uns begleiteten, wie die chilenischen Freunde, unsere Quilapayúns, die Kubaner und die anrührenden Vietnamesen. Es waren Augenblicke, wo auf einmal von uns allen abfiel, was schal und Schalen waren, wo das einfache Wort im Lied oder im Gespräch den anderen erreichte. Ja, wir waren alle jung und immer in irgendwen verliebt, aber das war nicht so wichtig wie das, was wir damals außerhalb unserer Zweifel wirklich liebten: dem Leben einen Sinn zu geben, etwas zu machen, was vielleicht bleiben kann – und zumindest kleine begehbare Brücken zu schlagen, die wir überqueren könnten, um zu helfen. Die zu uns hin überquert würden, um uns ein Gleiches zu tun.

Wir waren damals nicht der Meinung, dass wir die Geber für die anderen sind, die Helfer für den Rest der Welt, der aus Blöden und Lahmen besteht. Wir waren unterwegs, im besten Sinne. Die jungen Leute hatten bemerkt, dass Jürgen Walter und ich zusammen lebten. Aber da sie uns beide gut leiden konnten, reihten sie uns unter die vielen Paare ein.

Wir hatten die Beratergruppe statt einer Jury vor allem erfunden, um durch unsere Art der Auswertung jene Kritik abzuschaffen, die wir einseitig politisiert und eher schädlich fanden. Unsere Überlegungen und Hinweise sollten Vergnügen bereiten und ein Begreifen schaffen für das, was nötig ist, damit Kunst entstehen kann. Wir verstanden uns nicht als »Lehrer«, aber Auswertende wurden wir schon, Perry Friedman, Professor Heicking, Lin Jaldati und jeweils wechselnde Berater aus den Gruppen. Wir glaubten nicht, dass unsere begeisterten, unermüdlichen, jungen Leute alle Künstler würden. Aber wir versuchten zu erreichen, dass sie in ihrem ganzen Leben nie mehr so unbedacht, so unklug mit Kunst und Kultur umgehen würden, denn wir hofften, dass sie eine Erfahrung machten, die sie nie vergessen würden. Kunst braucht wie jede Arbeit ihre Zeit, ihre Mühen und ihre Hingabe.

Wir hatten etwa ein Dutzend Klubs auf die Insel nach Halle eingeladen. Am Vormittag des Tages, an dem der Oktoberklub sein Programm vorstellen sollte, erfuhren wir, Kurt Demmler habe am Abend vorher ein begeistertes Publikum mit Spottliedern über diesen Klub erfreut, dessen Mitglied er war. Bevor er mit den anderen auf der Bühne sein Bestes geben wollte, nämlich eigene schöne Lieder, hatte er eine Art Denunzierung vorgenommen: Dieser Klub werde von den Bonzen mit Wohnungen und Geld maßlos verwöhnt, die dürften alles, und es habe von vornherein keine Zweifel gegeben, wer bei diesem freundschaftlichen Wettbewerb später die Krone erhalten würde. Es gab Zitate, die uns als Nutten und Zuhälter auswiesen. Die Ratlosigkeit war so groß wie der Schreck. Der Oktoberklub hatte im Kino International seine Gründung in unterforderten Klubräumen vorgenommen, die dem Magistrat von Berlin unterstellt waren und sowieso kostenfrei für die Bevölkerung zur Verfügung standen. Die Klubleiterin war nach kurzem Zusammenzucken über die Menge der jungen Leute, die da Leben in die Ruhe bringen würden, begeistert, selber Mitglied und niemand hatte je daran Anstoß genommen. Andere Zuwendungen, außer dieser für die ganze DDR gedachten ersten Werkstattwoche in Halle, hatte es nicht gegeben, wenn man davon absieht, dass unter sehr vielen Arten von Auftretenden am 1. Mai oder 7. Oktober, oder am Tag der Bräute, oder was weiß ich, auch junge Leute in den blauen Blusen sein konnten. Und das war keine Uniform. Wir hatten uns ja auch erfolgreich gewehrt, als wir gewährleisten sollten, dass in Jeans keine Arbeiterlieder mehr gesungen werden.

Die Jeans blieben on.

Es war eine sehr beklommene Stimmung, als wir uns im Park in Halle zusammenfanden und Kurt Demmler erklären sollte, was er sich dabei gedacht habe. Er zählte eine Reihe von Dingen auf, die ihn gestört hatten und Anlass gewesen sind, dass er seiner Seele mal Luft machen musste. Die vorgebrachten Anlässe waren so peinlicher Natur, so mickrig, dass sie zunächst nichts als

Kopfschütteln auslösten. Dann kam noch einer seiner Hauptvorwürfe, er fände es nicht richtig, dass Berufskünstler und junge Laien sich privat zusammentun. Damit meinte er uns. Das nun führte bei den jungen Leuten zu einer Entladung ungewollter Heiterkeit. Sie überboten sich mit Erfindungen von Verboten für Leute, die sich besser nicht zusammentun sollten. Demmler wurde gefragt, ob er vielleicht bereit sei, sich für einen Fehler, eine Dummheit, eine unverständliche Handlung zu entschuldigen? Unser Vorwurf lautete: Wie kann man mit seinen Leuten auf die Bühne gehen und um Zustimmung werben, um Freundschaft, um Vertrauen, wenn man vorher seine Verbündeten aus dem Gebüsch überfällt.

Wir hätten wissen müssen, dass Demmler nicht in der Lage war, einen Fehler einzuräumen. Auch wenn er sich in die absurdesten Gedankengänge verirrte, er nahm nie ein Wort zurück, das er einmal gesagt hatte. So beschlossen die jungen Leute, ihn auszuschließen. Bis heute denke ich, dass alles andere unglaubwürdig gewesen wäre, und bis heute bleibt eine offene Wunde. Wäre damals noch Zeit gewesen, ihm verständlich zu machen, was er nie verstehen wollte oder konnte: dass Vertrauen aus Geben und Nehmen entsteht. Er hat immer das ganze Vertrauen gefordert, und es immer missachtet.

Es kam zum ersten Internationalen Treffen von Liedermachern und Singeklubs. Einheimische Gruppen waren in Skandinavien und Südamerika gewesen, Gruppen anderer Jugendorganisationen zu Besuch, darunter unvergessliche wie die aus Chile, um die sich die jungen Sänger drängten.

Es war August gewesen, als wir uns in Berlin trafen, und es war September, als die Nachricht davon kam, dass sie Víctor Jara erschlagen hatten.

Inzwischen waren meine Nachdichtungen entstanden: »Bauer, steh auf ...«, die wunderbaren Lieder von

Jannis Ritsos und auch die Mauthausen-Kantate von Theodorakis. Das waren Arbeiten, an denen ich selber erwachsener wurde.

Ich wage zu denken, dass wir damals nicht mutig genug waren, und im Gespräch mit ihm wäre vielleicht doch zu erreichen gewesen, dass Kurt Demmler sich in seinen Verwirrungen helfen lässt. Falls es eine Chance war, ging sie vorüber. Der junge Künstler pries in seinen Liedern Moral und Ideale, aber im Leben verhielt er sich anders und schadete sich selber unentwegt, nicht als Autor, aber als der Mann, der er doch sein wollte: angesehen, reich und einmalig.

Einmal waren wir im Roten Rathaus eingeladen, um eine Abschlussfeier der Internationalen Liederwoche zu begehen. Als wir in den Saal kamen, sahen wir, dass in seiner Mitte eine Tafel aufgebaut war, die sich schier bog. In Berlin gab es gerade keine Äpfel, hier dagegen reichlich. Und Apfelsinen und andere Köstlichkeiten. Viele Leute umstanden mit Abstand das Möbel mit seinen Gaben, denn erst mussten ja einmal die Reden gehalten werden. Unweit von mir stand Kurt Demmler, trotz der winterlichen Temperatur draußen nur in Hemd und Hose. Während der Leiter der Gruppe aus Südamerika seine Dankesrede hielt, sah ich auf einmal mit Entsetzen, dass Kurt Demmler sich gebückt der Tafel näherte. Neben mir vereiste der Sekretär der Bezirksleitung der SED. Er fragte mich, wer das sei, und als ich den Namen nannte, sagte er, dass bei ihm gerade ein Antrag auf Einwohnerschaft in Berlin eingegangen sei. Er zischte: »Der kommt nie nach Berlin, das schwöre ich dir.« Inzwischen hatte Kurt sein Hemd mit Äpfeln vollgestopft und versuchte jetzt, kriechend an seinen alten Platz zurückzukehren anstatt einfach stehenzubleiben. Aber es gelang ihm nicht, die Äpfel fielen unten aus dem Hemd heraus. Großer Eindruck!

Wir waren damals überreich an Talenten, ein Talent wie Kurt Demmler befand sich nicht darunter. Er hatte etwas, das kann man durch Arbeit ein Leben lang nutzen, aber zuerst einmal kriegt man es geschenkt. Er war einmalig, für mich ein Genie.

Wenig später erfuhr ich, dass Kurt Demmler beim Rundfunk der DDR Krach geschlagen habe. Im Lektorat des Rundfunks befänden sich nur Leute, die irgendwie mit Musik zu tun hätten. Von Texten verstünde dort keiner irgendetwas. Und da könne man auch nicht all und jeden nehmen. Es gäbe eine einzige Person in der DDR, die etwas von Texten verstehe und der das Vertrauen der Songschreiber sicher sei. Da sie den Rundfunk brauchten (damals noch brauchten), um ihnen die Produktion zu bezahlen und sie damit der Öffentlichkeit der DDR freizugeben. Was heutzutage jeder in eigenen oder gemieteten Studios machen kann, hatte damals noch keine Basis. Nicht sehr viel später eröffneten die Puhdys ihr erstes Studio, in dem sie eigene Songs produzierten. Mit Gerät, ich glaube, zum wenigsten aus der DDR. Der Chefredakteur für Tanzmusik der DDR, ein harmloser, übergreifender Name für alles, was in der DDR gesungen wurde, wandte sich an mich und redete auf mich ein: einen Vormittag in der Woche, mehr wollen wir doch von dir gar nicht. Das Lektorat hatte einen Songschreiber, nur einen, und so weit auseinander waren unsere Meinungen nicht. Aber obwohl mich mein Instinkt warnte, weil ich eigentlich in dieser Funktion als Mitglied des Lektorats mehr Ärger ahnte als Freude voraussah, sagte ich schließlich zu. Nicht wegen der 300 Mark im Monat, sondern weil ich ein weiteres Mal nicht der inneren Stimme gehorchte, sondern den Argumenten anderer. Es war zunächst ganz interessant, aber dann kam eines Mittwoch morgens Kurt Demmler mit Uschi Brüning. Bis dahin hatten wir sehr wohl bemerkt, was die neueste Macke von Kurt war. Er hörte sich die Schlager der Woche an, nahm den Siegertitel her, veränderte ihn lächerlich wenig und brachte ihn ins Lektorat. Wenn er den Titel vorstellte, lachten die Anwesenden, weil am sofortigen Erkennen kein Weg vorbeiführte. Sie riefen dazwischen, sangen mit, aber dann begann der Streit. Und den gewann immer Kurt Demmler. Ich glaube heute, ohne es belegen zu können, der jeweilige Titel wurde produziert, aber nicht gespielt. An jenem Mittwoch nun stellte uns Kurt Demmler ein Lied vor, das am Montagabend als »Wer hat mein Lied so zerstört« im RIAS zu hören war, gesungen von Daliah Lavi. Bei Kurt hieß es »Wer hat den Tag mir zerstört«, und die zweite Zeile lautete »Wer war die Sau«. Ich holte tief Luft und versuchte, ihm zu erklären, dass eine so wunderbare Sängerin wie Uschi Brüning, begabt mit einer so lebensvollen, eher sehnsüchtigen, warmen Stimme, unmöglich den Mann als »die Sau« bezeichnen könne. Wenn jemand nicht will, kann er gar nichts einsehen. Der Cheflektor wurde schließlich des wütenden Streites müde, winkte mit der Hand ab und sagte: »Schluss. Macht es.«

Ich weiß nicht, was daraus geworden ist. Gehört habe ich das Lied im Rundfunk nie.

Einige Tage später rief mich freundlich Rudi Singer an, der Leiter des Senders Radio DDR, es gäbe da Beschwerden über mich, ich würde aus Konkurrenzgründen andere Autoren unterdrücken. Er möchte gerne mit mir und Kurt Demmler darüber reden. Ich war damit einverstanden und bereitete mich nicht etwa mit Argumenten, Beweisen oder Gegenbeweisen auf das Gespräch vor. Wir mussten eine Weile auf Singer warten, und in dieser Zeit unterhielten wir uns ganz normal über seinen kleinen Sohn, seine Frau, seine kleine Wohnung in Berlin und seine Absicht, eine junge Truppe von Mädchen aufzubauen. Sobald wir den Raum betraten und saßen, ergriff Kurt das Wort und meinte, seit ich im Lektorat wäre, würden seine Lieder alle abgelehnt. Rudi Singer, ein sehr besonnener Mann, verfolgter Jude in der Nazi-Zeit und mit anderen Wassern gewaschen als jeder, der ihn je übers Ohr hauen wollte, ob von links oder von rechts, sagte ganz ruhig: »Herr Demmler, ich habe mich auf dieses Gespräch gut vorbereitet und Ihre Beschuldigungen geprüft. In den vier Monaten dieses Jahres sind von Ihnen 58 Lieder vom Rundfunk bezahlt und produziert worden. Von Frau Steineckert im Verlauf von zwölf Monaten, den letzten, sind es drei Titel. Ich kann keine Konkurrenz und keine Schädigung Ihrer Arbeit sehen.«

Das waren nun Fakten, um die hatte ich mich gar nicht gekümmert. Aber eigentlich gab es nichts mehr zu sagen, wir hätten gehen können und in der Kantine des Rundfunks friedlich einen Kaffee trinken. Aber Kurt Demmler entfachte eine peinliche Diskussion über atmosphärische Nachstellungen, die freilich nicht als Fakten nachweisbar etc. ... nichts als Quatsch. Wir gingen, und ich rief mir die wunderbaren Lieder für Rockgruppen und andere Sänger ins Gedächtnis, auf denen mein Respekt vor diesem Kollegen beruhte. Leider schrieb er dann statt eines weiteren schönen neuen Textes einen Brief an mich als Nachhall zur Begegnung bei Rudi Singer. Die Epistel stammt vom 9. Januar 1977. Kurt Demmler gibt darin seiner tiefen Enttäuschung über mich Gestalt. Er schreibt: »... Warum ich so viel schreibe? Weil ich so viel schreiben kann, und weil ich so viel schreiben muss. Denn noch mit meinem größten Hit (Farbfilm) verdiene ich weitaus weniger als du mit deinem schlechtesten Titel für Schöbel. ... Ich fange mit den Interpreten zu arbeiten an, ich mache sie sendereif, und wenn ich so weit mit ihnen bin, dann kommt ihr an der ›Börse‹

hockenden und ...« Es folgen wilde Vorwürfe, die alle darauf zielen, dass er sich abrackert, und wir absahnen. Frank Schöbel hat meinen Respekt als Entertainer und meine Zuneigung als Freund, aber damals kannte ich ihn nur mit Aurora Lacasa und hatte auf ihren Wunsch den beiden ein Duett aus einem französischen Chanson gemacht. Lieder wie »Weihnachten in Familie« oder »Komm, wir malen eine Sonne« gab es nach meiner Erinnerung noch gar nicht. Mich erschreckte der Ton der Wut und der Enttäuschung. Er schrieb wörtlich: »Nun hast du mich zum zweiten Mal enttäuscht. Das erste Mal in Halle ...« Demnach schrieb er mir die Entscheidung der Klubmitglieder als Schuld zu. Ich hatte aber gar nicht mit abgestimmt. Nun zieh er mich eines Reichtums, den ich nicht besaß. Alle Interpreten meiner Lieder können bestätigen, dass ich eisern die Regel einhielt, mir für Texte niemals Geld bezahlen zu lassen. Aus vernünftigem Grund: Ich wollte die Rechte am Text behalten, um sie nutzen zu können, falls mir Musik und Interpretation nicht zusagten.

Es ist alles so gekommen, wie es keiner von uns wollte. Wir hatten ein Genie in unserer Mitte, wussten es, haben es sogar gesagt, aber eine leichte Neigung zum Scherz hin schien mitzuschwingen, ein Genie mit Macken. War Heine das nicht auch? Und weiß jemand einen schlimmeren Fall als Franz Kafka? Keine Ahnung, ob unserem Dichter in den Verirrungen seines Gehirns zu helfen gewesen wäre, er kannte sich mit jedem außer ihm selber sehr gut aus. »Dieses Lied sing ich Maria / dieses Lied sing ich den Frauen / die allein sind in den Nächten / und die nicht allein sein möchten«. Hat er nicht für Veronika Fischer das Lied von der Schneeflocke geschrieben, das für immer ihre Briefmarke sein wird, mit der sie reisen kann? »Dass ich eine Schneeflocke wär / käme auf die Stirn dir so schwer / bis die

Wärme deiner Haut / mich aufgetaut«. Er hat Sängerinnen das Repertoire ihres Lebens geschenkt, nein, nicht geschenkt, er war wohl der geizigste Mann, den ich je kannte, hat immer darauf bestanden, noch aus dem erloschenen Streichholz ein kleines Scheit zu behalten, mit dem vielleicht noch etwas anzufangen wäre. Als ich mein Buch über Veronika Fischer geschrieben habe, sang ich noch einmal ihm zum Lobe, zitierte noch einmal einen Vers von ihm, drückte noch einmal aus, dass seinesgleichen auf dieser Welt nur sehr selten zu finden sind. Das Ergebnis war ein langwieriger Prozess für den Verlag, der ihm ein Honorar angeboten hatte, für nur vier Zeilen Zitat. Am Ende mussten sie ihm 1000 Euro bezahlen.

Ich sah ihn ein letztes Mal in Frankfurt an der Oder beim Chansonwettbewerb. Kam ins Hotel und bemerkte einen wütenden Mann, der sich mit der Kellnerin im Foyer stritt, weil er eine Mark für eine Flasche Wasser bezahlen sollte, von der er nur die Hälfte trinken würde. Die Kellnerin war nicht bereit, die halbe Flasche herzugeben, er nicht bereit, die andere Hälfte stehen zu lassen. Ich legte der Kellnerin zwei Mark hin, auf die Kurt entsetzt starrte, gab Kurt die Flasche und sagte – wohl wissend, dass er Arzt war –: »Ich habe heute irgendwie Gallenbeschwerden, was mach ich 'n da?« Er sagte: »Weiß ich doch nicht«, grinste mich an und ging davon. Mit der Flasche. An einem der nächsten Abende überfiel mich vor einer Veranstaltung der Liedermacher Reinhold Andert mit Vorwürfen, weil meine Tochter Kirsten sich von einem anderen Liedermacher hatte scheiden lassen. Er fand es ungeheuerlich, dass ich ihr das erlaubt habe. Ich sagte: »Sie ist eine erwachsene Frau, und wir alle sind für ewig Freunde.« Er zeterte, bis ich ihm das Wort entzog und mich davonmachte, nachdem ich bemerkt hatte, dass er betrunken war. Wenig später agitierte mich

in völliger Unbefangenheit Kurt Demmler. Ich solle auf
der Stelle dem Liedermacher verzeihen. Ich sagte: »Ich
denke gar nicht daran. Haben die hier alle eine Meise?«
Er sah mich, ich schwöre es, mit reinen Augen an und
sagte: »Aber mir hast du doch viel Schlimmeres vergeben, da kannst du das doch bei ihm auch machen.«

Kurt Demmler war einer der eigenartigsten Menschen, denen ich je begegnet bin. Er verfügte eigentlich
über alle Register, um den anderen entweder ratlos zu
machen oder mundtot oder wütend oder weinend vor
Rührung über die Schönheit der Sprachbilder, der Me-
lodien und die Stimmigkeit der kleinen Kunstwerke. Er
besaß aber auch in seinem Gehirn eine Art Schiefertafel,
die ihm erlaubte, zu löschen, was er nicht mehr wahrhaben wollte, zu verewigen, worauf er gern im Zorn
zurückgriff.

Es gab Anfang der Achtziger – und das wurde wie
eine Tüte über uns ausgeschüttet – unentwegt Angebote,
sich zu treffen und zu beraten oder sich auszutauschen
oder Vorschläge zu sammeln. Es war allemal genügend
Raum vorhanden, jemand hatte die Organisation, ein
anderer sorgte dafür, dass es irgendwas zu trinken gab,
und meistens trafen sich auch einige Leute, häufig in
der Erwartung, dort werden andere auftauchen, durch
die sie selber klüger würden, oder sie könnten sogar
einmal Beschwerde mit Vorschlag mischen, sodass am
Ende etwas Neues herausschaute. Man nennt so etwas
Kulturpolitik. Lange Versäumtes, falsch Geregeltes und
Gemaßregeltes sollte der Erkenntnis weichen, dass auch
die Kunst und Kulturschaffenden am Ende von ihrer
Arbeit mehr verstehen als der verdienstvolle Genosse,
der antreten soll, um es ihnen beizubringen.

Wilhelm und ich waren nur einmal in der Klosterstra-
ße zu einem interessant klingenden Motto, das sich bei
näherem Hinsehen aber wirklich nur als das erwies. Da

wir nicht länger herumstehen wollten und mit den anderen auf einen geistigen Anführer oder Aufrührer warten, gingen wir in einen ruhigen Nebenraum, setzten uns für einen Moment hin und überlegten, ob wir gleich gehen oder noch eine Viertelstunde bleiben sollten. Da kam aus einem der andren Räume Kurt Demmler, lächelte uns an, begrüßte uns herzlich, als hätten wir uns eben mitten im Gespräch getrennt. Er setzte sich zu uns, begründete das damit, dass man sich endlich mal wiedersieht, und es dauerte nicht lange, da waren wir mit ihm in einem Gespräch über die Lage der Kunst, und was da vielleicht oder bald oder nie zu tun wäre, und wer uns hörte, wäre nie auf die Idee gekommen, dass es zwischen uns einmal etwas anderes als Interesse aneinander gegeben hätte. Ich gebe zu, dass mir selber versöhnlich war.

Und dann sang er in Frankfurt an der Oder seine neuen Lieder des kleinen Prinzen, zusammen mit einem kleinen Mädchen, etwa zweite Klasse. Mir gefiel das sehr. Und bei der Auswertung gab ich meiner Begeisterung wortreich Ausdruck. Ich hatte für einen Moment das ungeheure Bedürfnis, es möge doch alles noch gut werden, vielleicht ist er jetzt erwachsen, vielleicht kann er diese unselige Trennung von Genie und Charakter überwinden. Könnte es denn nicht sein, dass der unbezweifelbare Erfolg seine Seele endlich beruhigt, ihr versichert, er sei nicht irgendwer, sondern ein Begnadeter? Ich wollte ihm beide Hände geben, ihm bei jener Begegnung als altem Freund um den Hals fallen, aber als ich in der Jury über die Schönheiten dieser Lieder sprach, traf ich auf Blicke und Worte, die mir unverständlich waren. Da gab es ein Wissen, das ich nicht teilte.

Es gibt ein Lied von ihm, das gehört für mich in den ewigen Schatz. Der Refrain heißt: »So, als ob ich nicht dazu gehör' / so, als ob ich nicht mit ihnen reis' / und als wäre ich in allem nicht mehr / als ein Fischlein unterm

Eis«. Dirk Michaelis hat es a cappella vor 17000 Menschen in der Wuhlheide gesungen. Wenn ich es höre, kommen mir die Tränen. Demmler hat darin seine Tragödie genau beschrieben. In dem Moment, in dem die Gefahr bestand, dass die Strafe für einen unseligen Drang ihm vielleicht alles nehmen würde, was ihm wichtig war, löschte er sein Leben aus. Was da schuld gewesen ist, darüber wissen andere mehr. Ich, wenn ich kann, erinnere an ein Lied von Kurt Demmler.

KNUTSCH VON HARICH

Wir hatten vorher über ihn gesprochen. Meine Kirsten erinnert sich, dass sie elf Jahre alt war, als wir Gisela May besuchten, um mit ihr über neue Lieder zu reden. Aber dazu kam es kaum. Das Kind war beeindruckt davon, mit welcher Liebe und Sorge Gisela von Harich sprach. Vorher war ihr die Künstlerin immer sehr exaltiert vorgekommen. Nun aber erzählte eine, die einen Mann liebte, der im Gefängnis war. In ihren Worten war er unschuldig, ein Held beinahe, eines der Opfer politischer Machtkämpfe. Sie wechselten Briefe, und auch er schrieb ihr von Liebe. Was lag näher, als dass sie sich fanden und heirateten, nachdem er »begnadigt« wurde.

Anlässlich eines runden Geburtstages von Gisela May war ich zu Gast und lernte in ihrer Wohnung in der Friedrichstraße den neuen Mann kennen, den Philosophen und Literaturwissenschaftler Wolfgang Harich. Es hatte die Gemüter bewegt, dass Gisela ihm auf einen Brief antwortete, und sich die beiden wie im Märchen kriegten. Hacks erzählte, er habe gesehen, wie Harich vor dem Deutschen Theater auf sie gewartet habe, wie er ihr galant und selbstbewusst die Hand küsste und, so wörtlich, die May sah auf einmal aus, als wäre sie kurz vor dem ersten Kuss. Ich kannte Harichs Geschichte in Kurzform, so wie sie fast jeder kannte, der sich auch nur irgend für Kultur oder Politik interessierte.

Für Gisela hatte ich Lieder geschrieben, und wir dachten uns gemeinsam eine Fernsehreihe für Liederkünstler aus.

Ich hatte mir Harich ganz anders vorgestellt, vom Schicksal geprüft, hart, kantig und in seinen Meinungen felsenfest. Ich wusste auch, dass seine Schwester Susanne sich das Leben genommen hatte und wie jeder Zeitungsleser etwas über die Umstände. Aber Harich war mir auf Anhieb sympathisch, er belastete niemanden mit der jüngeren Geschichte seines Lebens, sondern ließ es sozusagen ganz langsam angehen. Wir redeten alle durcheinander, die Scherze flogen hin und her, die Anspielungen, aber wir redeten kurze Zeit auch miteinander. Er fragte mich nach den jungen Liedermachern, und ich merkte wohl, dass er das im Interesse der Sängerin May machte, weil er erfahren wollte, ob da für sie, Auftritt oder Repertoire, etwas zu holen war.

Wir trafen uns dann bei politischen Gelegenheiten, auch nur manchmal. Der Mann war mir eindrucksvoll genug, dass ich versuchte, etwas von ihm und einiges über ihn zu lesen. Aber das war nicht die Stunde unserer tatsächlichen Begegnung.

Als 1990 die *Gesellschaft für Bürgerrecht und Menschenwürde* gegründet wurde, war ich von der ersten Stunde an dabei. Dort sind wir uns wirklich begegnet und standen in allem Meinungsstreit, in aller Suche nach der richtigen Form und den richtigen Inhalten auf der gleichen Seite. Als es darum ging, eine Pressekonferenz zu geben, drang Harich in mich, ich solle unbedingt nach vorne und zu den Antwortern gehören. Ich wollte das eigentlich nicht, fühlte mich auch nicht ausreichend versiert, aber das war, wie sich herausstellte, auch nicht wichtig. Was die Journalisten von uns wollten, war entweder eine Art Glaubensbekenntnis oder öffentlich zu bemängelndes Vertrösten auf spätere Antworten. Ich bemerkte während des Fragespiels auf einmal, dass ich ziemlich alleine da saß. Von den Männern hatten sich einige verdrückt, andere versuchten, stumm und ausdruckslos zu sein. Aber ehrlich gesagt, taten wir uns gegenseitig nicht besonders weh, denn wenn wir schon nicht genau wussten, was wir antworten sollten, so fanden die Journalisten erst recht keine verfänglichen Fragen. Die Sache war zu neu und bot wenig Haken. Eine ihrer Nebenstrecken aber wurde die *Alternative Enquetekommission,* die Wolfgang Harich leiten sollte. In sie wurden unglaublich kluge Männer berufen, vor allem meist Professoren der Philosophie und politischen Wissenschaften. Als einzige Frau war eine Professorin vorgesehen, die aber nach der zweiten Beratung wegblieb. Harich hatte eindringlich verlangt, dass ich als Mitglied in diese Kommission komme. Ich war entsetzt und sagte, dass ich in diesen Kreis nicht passe, zu den Wissenschaftlern, den Professoren. »Was soll ich da?« Harich sagte: »Du bist dazu da, mich zu beobachten. Wenn ich mich verrenne, dann guckst du mich an, schüttelst leise mit dem Kopf und sagst nein. Dann korrigiere ich mich.« Ich hielt das für einen Witz, aber es war so. Ich erlebte ihn mit seinem unglaublichen Intellekt, seinem Wissen, seiner Überzeugungskraft, aber manchmal verrannte er sich und fand keinen Rückweg. Ich hatte es dann ziemlich leicht, die pfiffigen alten Männer, gelahrte Herren, kriegten schnell heraus, an welcher Stelle mein Einsatz kam oder kommen sollte. Möglichst unauffällig guckten sie zu mir hin, erwartungsvoll, aber nur wenige Male. Der Vorgang endete dann in Gelächter, an dem Harich herzlich teilnahm. Er nahm einen einfachen Rückweg, indem er sagte: »Gut, dann stimmen wir eben noch mal ab.« Und es gehörte zu seiner Größe, dass er dann mit den anderen gegen sich selber stimmte. Aber einmal, und das ist mir unvergesslich, einmal gingen wir nach anstrengendem Sitzungstag im Regen aus dem Haus am Köllnischen Park in Richtung U-Bahn. Der erste war nicht mein Eingang, wir blieben aber davor stehen, weil ich dachte, es wäre der richtige für Harich. Wir redeten so intensiv, dass keine Frage aufkam, warum wir da eigentlich unter dem Regenschirm stehen. Und dann gingen wir einträchtig weiter, in Richtung des nächsten Eingangs. Dort blieben wir wieder stehen und debattierten weiter. Einmal gab ich ihm eine Antwort, die ihn sowohl amüsierte als auch interessierte. Er lachte laut los und gab mir einen Kuss auf die Wange, wie gesagt, unterm Regenschirm. In diesem Moment ging Uwe Kant an uns vorbei und fragte, mäßig interessiert: »Was macht ihr denn hier?« Harich schrie: »Na knutschen, knutschen.« Uwe Kant sagte: »Ach so«, und ging weiter. Harich wollte auch weitergehen, ich sagte: »Ist das wieder nicht dein Eingang?« Er sagte: »Nein, wieso, ich will ja zurückgehen.« Und ich begriff, dass er keineswegs nach Hause fahren wollte, zu seiner letzten schönen Frau, sondern zurückgehen in das Haus am Köllnischen Park. Leider musste ich ihn nun unterm Regenschirm entlassen, und er sputete sich. Ich ging die Treppe hinunter zur U-Bahn und lachte ganz für mich alleine.

Er war schon krank. Und sie hatten kein Auto. Ich bat Wilhelm, ihn doch zu unserem Arzt zu bringen, zusätzlich, denn er schien ärztlich gut versorgt, soweit ihm noch jemand helfen konnte. Die beiden Männer machten sich eine ganze Weile aus den Fahrten ein Gaudi. Meist redete Harich, sehr offen, sehr ehrlich. Und er nahm meinen langen Wilhelm wie einen Bruder, von dem er sich helfen ließ, dem er auch Vertrauliches erzählte, aber wahrscheinlich doch mit Grenzen. Denn als ich das Buch gelesen habe, das erstaunliche, interessante, das seine Frau über ihn und ihre gemeinsame Zeit, den viel zitierten Kater und all ihre glücklichen und schwierigen Umstände geschrieben hat, da begriff ich sowohl das Ausmaß seines Vertrauens als auch dieses zutiefst verwurzelte Misstrauen, das an seiner Stelle vielleicht niemand mehr aus sich hätte tilgen können. Was ich über die Umstände seines Todes weiß, das weiß ich von ihr, der kindlich zierlichen und so herzensstarken Frau, die es mit diesem starken und schwierigen Mann aufgenommen hat. *Freiheit im Nirgendwo* hieß sein letztes Buch, das 2015 erschien. Ich weiß bis heute nicht genau, wohin er die Welt eigentlich bewegen wollte. Vielleicht hat das außer ihm selber niemand wirklich verstanden. Ich denke an diesen Freund mit Trauer und Dank. Leider bin ich nicht klug genug, sein Werk neu zu bewegen.

SO EIN LANGER ATEM

Es war 1947, es war Berlin, es war Hungerzeit.

Ich war sechzehn Jahre alt und hatte tatsächlich gegen den Willen meiner Eltern durch Fälschung ihrer Unterschrift eine Lehrstelle gefunden und besetzte einen Stuhl in der Berufsschule für Industriekaufleute und Drogisten in der Gipsstraße. Was dort gelehrt wurde, interessierte mich nicht. Und dennoch habe ich bis heute die Stenozeichen und in meinem Kopf behalten. Es hatte nicht lange gedauert, da wurde ich Klassensprecherin und als solche in die Schülerselbstverwaltung für damals noch ganz Berlin gewählt. Dort nun machten wir eine Schülerzeitung, für die ich einen vermutlich ausgefallenen, aber doch gültigen Presseausweis bekam. Jedenfalls erlaubte er mir, jeden anzusprechen, von dem ich gern eine Antwort gehabt hätte. Mich wundert bis heute, wie mir das gelang. Und ich hatte Zutritt, unter anderem zu Theaterproben. Da der betrügerische Buchhalter in meinem Lehrbüro mich immer gar nicht früh genug loswerden konnte, um seine Zahlen zu fälschen, wofür er später im Gefängnis landete und mir alle Arbeit wieder allein hinterließ, war ich meist schon am späten Mittag in der Lage, ins Theater zu gehen. Ich sah im Deutschen Theater die Proben zu einem Stück von Tschechow, in dem Menschen mit russischem Namen um etwas stritten, das ich vergessen habe. Es waren wunderbare Schauspieler, und die meisten habe ich dann in Aufführungen gesehen. Sie gingen alle nacheinander in den Westen Berlins, ein trauriger Aderlass, den ich als leidenschaftliche Person im Publikum ganz persönlich nahm..

Bei dieser ersten Probe, die ich sah, gab ein ruhiger schlanker Mann ruhige schmale Befehle und machte Vorschläge. Jemand sagte mir, wer er sei. In einer kleinen Pause sprach ich ihn an, machte mich vermutlich wichtig, oder eben dies vielleicht durch einen glücklichen Moment nicht. Jedenfalls nickte er zu meinen Worten – kleine, ruhige Kopfbewegungen – und nahm mich mit in sein Büro. Dort saß er mir gegenüber und beantwortete mir nicht nur alle auf der Hand liegenden Fragen, sondern schlug mir auch noch solche vor.

Das ist fast siebzig Jahre her. Aber ich sehe uns beide immer noch in diesem Büro sitzen, und wenn ich erwachsen geworden bin, dann hatte seine Art, mit mir umzugehn, ihren unvergesslichen Anteil daran.

Es war sehr viel später, fast ein halbes Jahrhundert später, als mir seinetwegen das Herz blutete. Im Dezember 1965 stand Wolfgang Langhoffs Name in unfreundlichsten Zusammenhängen in der Zeitung. Er hatte das Deutsche Theater und damit das Ensemble dieses Hauses ruiniert und sich dazu öffentlich bekannt. Das mochte glauben, wer wollte. Ich war weit davon entfernt. Ich hatte ihn noch einmal gesehen, am Schwielowsee, da hat er Herwart Grosse besucht, den sehr zurückhaltenden Schauspieler seines Theaters.

Weil meine Blicke so besonders auf ihm lagen, grüßte er mich fragend. Und ich habe ihm kürzer und gefasster, als mir zumute war, von damals und der heiligen Stelle in meinem Herzen erzählt.

Ich glaube, er verstand gar nicht, wie es anders als damals hätte sein können.

Aber nun hatte das 11. Plenum stattgefunden, das eigentlich der Wirtschaft und ihren zu geringen Erfolgen dienen sollte. Das wollten wohl ein paar Genossen nicht. So kamen sie auf die glänzende Idee, sich an dem abzuarbeiten, wovon sie am wenigsten verstanden: Kunst und Kultur. Natürlich konnten sie sich nicht einfach bei allen strebenden, tätigen und ehrgeizigen Leuten bedanken, die sich bemühten, in dieses Land einen Atemhauch von Weltgeist zu bringen. Sie rechneten, wie an den Kugeln im Moskauer GUM, alles Geschaffene und Geschöpfte an dem ab, was ihr Rechenbrett hergab. So wurden auch mir drei Filmmanuskripte unter den Tisch geworfen. Und eine Anthologie, die mir wichtig war.

Noch einmal wuchs der schon schwer erkrankte Wolfgang Langhoff über normales Menschenmaß hinaus. Er zog alle Schuld an jeglichem Tadel auf sich und versuchte sogar, erfundene oder nun so dargestellte Fehler glaubwürdig zu begründen. Er wollte das Theater retten, das Ensemble sollte nicht gespalten werden. Es ist ihm gelungen. Nach dem Plenum ging er ins Krankenhaus, aus dem er nicht wieder nach Hause kam.

Das hat mir später Horst Drinda erzählt, für den ich ein Chanson in Gisela Mays Liedersendung »Pfundgrube« im Fernsehen geschrieben hatte. Er ließ sich ins Krankenhaus einweisen, um dem Freund beizustehen. Auch deswegen habe ich Horst Drinda sein Lied geschrieben, das er einmal und nie wieder gesungen hat. Ich gucke nach, was ich Ende 1960 in der *Sibylle* über Wolfgang Langhoff geschrieben habe:

»An der Hand seiner Eltern, gestützt von ihrem Wissen und ihrer Liebe zur Kunst, betrat er die Inseln der humanistischen Bildung. Als Realgymnasiast vergaß er einmal in einer Aufführung der ‚Hermannsschlacht' von Kleist seine Rolle als Zuschauer. In blinder Begeisterung erhob er seine Stimme und wollte in den Bühnenkampf eingreifen. Das war sein erster – allerdings rasch unterdrückter – Auftritt.

Am gleichen Abend ging er mit seinem Vater durch die Straßen der kleinen Stadt Freiburg und sprach von seinem großen Wunsch, selber einmal auf der Bühne zu stehen. Aber er war noch zu jung und zu unsicher, um die Bedenken seines Vaters zu überhören. Sein Drang nach Freiheit suchte sich ein Ziel, und er glaubte, es in der Weite des Meeres und dem Anblick fremder Länder zu finden. So wurde er ›Moses‹ auf einem Handelsschiff, und von Freiheit war keine Spur. Nach einem Jahr schon kehrte er nach Freiburg zurück und schrieb ein satirisches Stück, das er mit ehemaligen Schulkameraden aufführte. Es war ein echtes Sturm- und Drangstück, in dem gegen Altes und Gegenwärtiges gleichermaßen gewettert wurde. Immerhin bewirkte er, dass sein Vater nunmehr die Begabung des Sohnes erkannte und nichts mehr gegen dessen Berufswahl einzuwenden hatte.

Wolfgang Langhoff bekam sein erstes Engagement gleich an einem großen Theater, in Königsberg. Die Rollen, die ihm dort vorenthalten wurden, kamen später in Wiesbaden und Düsseldorf, und mit ihnen der Erfolg. Die Salons der Bürger öffneten dem jugendlichen Liebhaber bereitwillig ihre Türen und schlossen sie auch dann nicht, als der strahlende Bühnen-Romeo die Diskrepanz zwischen der Wirklichkeit und dem Leben eines erfolgreichen jungen Schauspielers zu spüren begann. Er opponierte gegen die satte Gelassenheit der Menschen, die ihn in ihren Teestunden hofierten, und bei denen der Theaterbesuch zum ›guten Ton‹ gehörte.

Was verschwommene Empfindung war, wurde zur Gewissheit, als er das erste marxistische Buch in die Hand bekam. ›Es war für mich spannender zu lesen als ein Kriminalroman‹, sagt er selbst. ›Die Abrechnung mit den bürgerlichen Philosophen machte mir zur lebenswichtigen Erkenntnis, was ich vordem nur gefühlt hatte, und was mir keine Ruhe ließ‹.

Eines Tages tauchte er als eleganter junger Mann in einem Büro der ›Roten Hilfe‹ auf und legte selbstgesammeltes Geld als Unterstützung für die ausgesperrten

Ruhrarbeiter auf den Tisch. Das war seine erste Begegnung mit der Kommunistischen Partei, der er kurz darauf als Mitglied beitrat. Nun führte er ein Doppelleben: Am Tage verrichtete er Parteiarbeit wie jedes andere Mitglied, stand Streikposten und klebte Plakate, und abends kam er in seinen großen Rollen auf die Bühne. Seine Genossen und er taten das Menschenmögliche, den Faschismus nicht an die Macht kommen zu lassen – vergeblich. Einen Tag nach dem Reichstagsbrand wurde Langhoff mit Tausenden anderen verhaftet. Und in den zerschlagenen Körper drang die Erkenntnis, den Gegner zu Unrecht immer noch für menschlich gehalten und seine Bestialität unterschätzt zu haben. In der Erinnerung schien es zu wenig, was gegen ihn unternommen wurde. Aber nun war es vorbei mit den Rezitationsabenden für die Arbeiter, mit dem ›Roten Feuerwehrmann‹, mit den anderen Gedichten von Weinert, Mehring, Brecht. Viele, die ihm an solchen Abenden Beifall gespendet hatten, lebten nun in der Illegalität oder waren eingekerkert, wenn nicht schon umgebracht. Dreizehn Monate lang hielten die Nazis Wolfgang Langhoff im Konzentrationslager fest. Dort entstand sein Lied ›Wir sind die Moorsoldaten‹, das zum Eigentum aller Gefangenen geworden ist.

Es war Ende des Jahres 1934, die Nazis lockerten die Schlinge noch einmal mit einem scheinbaren Akt der Menschlichkeit. Unter den ›Amnestierten‹ war auch Wolfgang Langhoff. Seiner neuerlichen Verhaftung konnte er sich mit Hilfe seiner Frau im letzten Augenblick durch die Flucht in die Schweiz entziehen.

Elf Jahre lebten die Langhoffs in der Schweiz. Als Deutschland endlich befreit war, kehrten sie sofort zurück und reihten sich in den großen Wiederaufbau ein.

Auch im Deutschen Theater in Berlin ging der Vorhang wieder auf, und Wolfgang Langhoff fand als

Intendant, Regisseur und Schauspieler seine Wirkungsstätte. Er möchte sich der dramatischen Weltliteratur ebenso annehmen wie der sozialistischen Zeitstücke.

Die Liebe des Darstellers Langhoff gilt den Gestalten von tragischer Größe. Ihr Unterliegen gestaltet er mit dem Wissen des zwanzigsten Jahrhunderts. Er will die ›Schicksalstragödie‹ ihrer Mystik entkleiden, und die Handlung als eine gesetzmäßige Entwicklung gesellschaftlicher Umstände zeigen.«

Nein, ein Porträt von Langhoff kam damals nicht zustande. Er hat mehr über die Liebe zu seiner Frau gesprochen als über Peinigungen im Lager. Wie sie das Überleben geschafft haben, das hat er auch nur gestreift. Aber als er mir die Hand zum Abschied drückte, hat er etwas von dem weggenommen, was ich zu Hause jeden Tag erlebte: was ich wolle und wonach ich strebe wäre lächerliche Verschleuderung von Zeit, war ein dummes Hochhinaus, war nichts als Angeberei.

Naja, aber den anderen gefiel der Artikel damals, und er kam in die Schülerzeitung. Viel besser konnten sie es auch noch nicht. In dem Text für die *Sibylle* ist nicht davon die Rede, was mir den großen Theatermann so besonders machte. Ich verdanke ihm einen frühen Augenblick von Würde. Dafür ist ihm meine Treue sicher.

VON RESPEKT UND SEINEM GEGENTEIL

Ich behaupte: Juroren sind immer überfordert, werden müde, und ihr Urteilsvermögen gerät in nervöse Abwehr.

Sie finden die ersten fünf Darbietungen ehrlich hervorragend, oder bedenken beim Vortrag schon produktive Änderungen für nachher, machen sich Stichpunkte für die Auswertung.

Später erleben sie eine leichte Talfahrt an Vergnügen, und gegen Ende beginnen sie, jeden zu hassen, der jetzt noch das Maul aufmacht. Aber es geht immer noch viel weiter.

Mittendrin in der begreiflichen Überforderung aller Sinne gehen sie vor die Tür, rauchen, wollen reden, müssen zur Toilette, und einige Zeit später, wenn man selber auch mal verschnauft, findet man sie vor einer großen Schweinshaxe im Keller des gastfreundlichen, soeben von Kultur und Kunst durchglühten Hauses. Widersprecht mir nicht, sonst nenne ich Namen. Zum Beispiel den meinen, allerdings ohne Schweinshaxe.

Das erste Mal wurde ich über den Schriftstellerverband in eine Jury eingeladen. Das klang sehr schmeichelhaft. Der Sekretär des Verbandes erzählte mir, es sei nach einer weiblichen Person gefragt worden, die etwas von Liedern versteht. »Das ist ja bei uns nun nicht so vertreten«, meinte er, aber dann sei ich ihm eingefallen, und die Veranstalter hätten mich gerühmt und wären einverstanden.

Wenig später erfuhr ich durch einen Schlagerdichter, dass es sich um den nationalen Schlagerwettbewerb handle, dessen Vorentscheidungen bereits stattgefunden hatten. Aber die große Festveranstaltung mit der Wahl der Gewinner, die sei noch zu erleben, in Magdeburg, mit Fernsehen. Bloß eben, achtzehn Dunkelmänner gehn nicht vor der Kamera, darum zusätzlich ich, hell gewandet.

Ich war also ein Weib, das die große Sause retten konnte. Indem ich was Helles anzog, weil die Herren zwar alle in den richtigen Funktionen waren, aber dunkel angezogen. So kann man den Leuten Samstagabend nicht in die Stube gucken. Alles war gut, nur hatte mir leider einer der Herren das Geheimnis meiner erwünschten Anwesenheit verklickert. Es ging nicht um das, was ich wusste, sondern um das, was ich anhaben sollte.

Ich war im Alter unermüdbaren Interesses an mir selber, und da mir jede Gelassenheit fehlte, rächte ich mich, indem ich von Kopf bis Fuß in Schwarz erschien.

Es kam überhaupt nicht darauf an. Alles war längst entschieden und sollte nur abgefeiert werden.

An diesem Abend aber wurden unerwartet zwei Menschen einander vorgestellt, ein Mann und eine Frau. Es passte nicht in beider Leben, das geordnet schien. Die Begegnung dauerte auch nur Minuten, aber wie sich später herausstellte, hatte sich unter dunkler Kleidung das Herz bewegt. Es zuckte, und die nach außen rein formale Höflichkeit erwies sich als unvergesslich. Sie trafen sich dienstlich wieder, dann wurde es zwingend: sie bauten beide ihr ganzes Leben um.

Es war so! Wir sind uns vorher nie begegnet, und es wäre auch zukünftig nur selten vorgekommen. Aber wir folgten den Einladungen in Juryarbeit, wo er mein Vorsitzender war und ich sein aufmüpfiges Mitglied.

Natürlich haben wir es immer als Juroren alle redlich gemeint. Zumindest am jeweiligen Anfang des Abends, bevor auch Menschen gesungen hatten, die für jede andere Tätigkeit besser geeignet gewesen wären. Ehe begabte Leute hinter falschem Gestus unsichtbar wurden. Nur manchmal gab es große Momente, solche Begegnungen, die später zu gemeinsamer Arbeit führten, und einmal war es belehrend, lustig und nicht zu vergessen.

Anlässlich eines nationalen Schlagerwettbewerbs gab es im Verband der Komponisten eine Vorveranstaltung. Der Mann am Klavier spielte die anonym eingesandten Kompositionen vor, das konnte er gut, aber mir fiel auf, dass er mal eine Nummer durch das Vorspielen zur Sau machte, mal hielt er uns das Angebot kunstvoll aufgebürstet hin. Neben mir saß ein Schriftsteller. Er war in Juryarbeit geübt, hatte ein Musical geschrieben, das im Metropoltheater aufgeführt und lange im Programm gehalten wurde. Es war immer ausverkauft, hieß *Messeschlager Gisela,* und ich hab's gesehen. Ja, ich bin bis zuletzt höflich sitzen geblieben.

Aber nun lagen wir beide mit unseren Wertungen der Stücke immer gleich, tauschten uns auch manchmal aus, aber erstaunlicher war, wie schnell die Komponisten immer die Scheibe mit der Zahl hievten.

Später, in ruhiger ehelicher Stunde, habe ich erfahren, dass die Leute vom Fach die überschaubare Zahl von Einsendern schon am Notenpapier erkannten, und da das Klavier nicht weit ab stand, konnten sie die Schrift erkennen und werteten nach guter, oft freundschaftlicher Kenntnis.

Erzählen wollte ich hier aber, dass mit Frank Schöbel ein Film gedreht worden war, über den ich im Eulenspiegel geschrieben habe: »Der Film ist am besten, wenn die Hauptdarsteller spazieren gehen und einfach mal die Klappe halten.«

Diesen Film habe ich verrissen. Frank hatte ich nicht ausgenommen, kannte ihn auch persönlich nicht. Nun kam er zur Tür herein, auch als Juror berufen. Viele im Raum hielten ihn an und auf, er schien äußerst beliebt zu sein. Ich dachte an meine Rezension und fürchtete Peinlichkeit. Aber da wir uns nicht kannten, konnte es ja gut ausgehen. Es war dann so: Er kam an meinen Platz, stellte sich vor, das war ja nun eigentlich nicht nötig – und dann hat er gelacht. Er hat so herzlich, so offen, so unwiderstehlich gelacht, dass ich mich meiner unfrohen Kritik schämte und sie gern geändert hätte, wenn das möglich gewesen wäre.

Wir haben später wunderbar zusammengearbeitet. Seit damals sind wir auch Freunde. Wir sehen uns nicht oft, aber immer gern, nun schon so viele Jahre. Frank hat es zur Übereinstimmung gebracht: Person, Persönlichkeit und Art der Aufgabe. Er liebt die Leute, sein Publikum, und das rechnen sie ihm über die schwierigen Zeiten hinweg hoch an.

Solche Juryarbeit mit gut gemeintem Material und ungenügender Ausführung ist meist wenig erbaulich. Aber manchmal teilt sich der dicke Vorhang, der sich im Alltag zwischen das Übliche und das Besondere bauscht, und dann findet etwas statt, über das man weinen und lachen kann, o seltenes Geschenk, und da tritt jemand auf, der es kann. Damit ist eigentlich schon alles gesagt, aber es reicht noch nicht zu.

Ich habe oft darüber nachgedacht, was es ist, das einen plötzlich aus Überfütterung, Müdigkeit, einer Prise Verdruss und Langeweile reißt, und da lebt das Herz, schlägt seinen dunklen, satten Klang und geht auf die Herausforderung ein: Ich mache hier oben etwas, das du nicht erwartet hast. Ich zeige dir meine Grenzen und hebe sie gleichzeitig auf. Nimm, was ich mache, meinetwegen auch als Ulk. Lass eine Träne einfach laufen.

Wenn du mir zuhörst, wirklich zuhörst, dann tickt da eine Uhr, hör nicht weg. Du musst aufwachen aus deinem tranigen Zustand, so halb Dämmern und halb Weghören, deinem So-tun, als wärst du anwesend.

Ja, danke für die Belehrung.

Große Momente, sehr unterschiedlicher Art. Einmal erlebte ich Frank Schöbel hinter der Bühre mit einem schmerzenden Knöchel, vom Fußball. Er hielt sich an der Wand fest, und das ganz Unwahrscheinliche fand statt: Frank ließ sich den Schmerz anmerken, und ich war eigentlich sicher, dass er nicht vor den Vorhang treten konnte, aber durch seine Anwesenheit jeden Verdacht von Schwänzen unterbinden wollte. Als er dran war, humpelte er noch einen Schritt, etwas krumm, dann stand er grade, lief nach vorn, sprang von der Bühne, lief die der Bühne gegenüber liegende Treppe hinauf, um rechts und links ein paar Leuten die Hand zu drücken. Er lachte mit ihnen, begann zu singen und verwöhnte das Publikum mit seiner glaubwürdigen Freundlichkeit, feierte mit ihnen, dass man sich hier trifft und sich wiedersehen würde. Immer, wenn ihr kommt, dann bin ich da, immer … Nein, das hat er so nicht gesagt, aber sein Auftritt war echt, hatte sein Maß für die Leute, die ihn liebten. Ich stand hinter der Bühne, und mir kamen die Tränen, weil es das eben doch gibt, in all der Aufdringlichkeit der Technik und ihrem komischen Einschreiten. Die Macher scheinen oft nicht zu wissen, dass es eigentlich nichts anderes braucht: dieser eine Mensch, der mir sein Herz und seinen Schmerz zeigt. Auch den ganzen Ernst, den der Spaß braucht. Das ist wie eine Butterstulle gegen den Hunger, wie ein langsamer erster Tanz nach längerem Alleinsein. Einem Menschen zuschauen, der seine Arbeit kann, das ist ein Erlebnis, das wach macht, spitz, das die Dinge an seinen Platz stellt. Weil da der auf der Bühne ebenso wie das Publikum nicht nur so tut, und sie vermissen beim Lachen und beim Mitmachen nicht die höhere Weihe.

Und so habe ich SIE erlebt, die ich vorher nie besonders wahrgenommen habe: Wie sie da eine Mischung zwischen Comedy, großem Lied, einer Art von Kabarett und Kommentaren zum Alltag gemacht hat. Da war sie angebunden an Texte und ganz frei von ihnen. Können und Einfall, der aus dem Moment kommt.

Sie war voll da, und ich sah, dass sie alles konnte. Wird schön, wird glaubhaft frech, anmaßend, aber so, dass wir alle gelacht haben – und sie riss mich hin. Von da an habe ich sie beachtet. Und habe sie manchmal bewundert, sie, die von vielen Leuten, eigentlich anmaßend, die »Henne« genannt wurde.

Nein, genannt wird. Wir beede, das war so einfach, als hätten wir im selben Kinderwagen gelegen. Mit ihr ging es nur so oder gar nicht. Nicht, dass sie so wirkte. Sie hielt ja im Leben immer alles für möglich, sogar das Glück. Natürlich auch das Gegenteil, aber bei ihr lag unter scheinbarer Heiterkeit nicht die tiefe Tragik. Dazu war sie zu lebendig, hat sie zu gern gelebt.

Wir haben uns nie verabredet, hätten wir auch können, vielleicht sogar gern einmal gemacht, aber da wir uns beide im selben Metier tummelten, befanden wir uns durchaus öfter im selben Raum, und dann fanden wir uns zusammen, klatschten über uns und die anderen, wählten dafür den von ihr bevorzugten eher schnoddrigen Ton, aber dahinter verbarg sich Ernsthaftes.

Vor dieser Frau hatte ich Respekt. Ihren Spitznamen mochte ich nicht, der war mir zu albern. Obwohl viele Kollegen im Lauf der Zeit den Namen Henne ebenso normal benutzten, als hieße sie Albertina.

Ich meine die Helga. Wie sie als Frau war, das weiß ich nicht, wie sie privat gelebt hat, darüber weiß ich wenig, aber ich habe sie oft bei ihrer Arbeit beobachtet und wir uns gegenseitig einmal aus gutem Grund bei gleichzeitiger Ehrung.

Wir haben sie viel zu früh verloren. Die hatte noch eine Portion Humor im Herzen, die sie vorher nicht loswerden konnte. Je reifer, je älter sie wurde, desto besser war sie. Die feine Abstufung der Nuancen von ulkig bis tragikomisch hatte sie erworben, Talent reicht da nicht aus. Und das weiß ich, weil ich jede Gelegenheit nutzte, sie beim Probieren zu sehen. Das stand mir als Jurorin oft zu, und ich wusste, dass man den Künstler auf der Probebühne am besten erkennt.

Heute sehe ich sie mir noch immer im Fernsehen an und stelle die besten ihrer Sketche neben Karl Valentin.

Was ich außerdem von ihr weiß: sie war unerträglich, wie alle Künstler, unabhängig vom Geschlecht. Im falschen Moment unbelehrbar, und bei ihr dauerte es besonders lange, ehe sie die Richtigkeit eines Einwands oder Vorschlags anerkannte. Aber dann hatte sie immer die Größe, es sofort – endlich! – einzuräumen.

Sie fand im Spiel, was ihr im Leben oft anders nicht glückte. Aus der kleinen Chance, mit der sie auf die Welt kam, machte sie durch Arbeit eine große, und die nutzte und bereicherte sie, solange sie lebte.

Als Zuschauerin habe ich sie geliebt. Weil sie zärtlich war hinter der Schnoddrigkeit, sensibel gegenüber Schwächeren, und wem immer sie auf den Fuß trat, der Zeh war nie ab. Sie war nicht zynisch, und für Schwächere hatte sie eine warme Hand.

Bei einem Interpretenwettbewerb in Karl-Marx-Stadt bedurfte es bei der Auswertung eigentlich nicht meiner feurigen Redseligkeit, die Jury war sich über die Goldmedaille einig.

Vor der Abreise trafen wir uns im Foyer des Hotels, umarmten uns, und ich sagte noch etwas über die schöne Goldmedaille. Da wurde ihr Gesicht ganz mürrisch, und sie sagte übellaunig: »Valang' die Leute bloß noch mehr von ein'n.«

Sie hätte nicht so gucken sollen, denn am Tag zuvor war sie Arndt Bause im Fahrstuhl begegnet und hatte ihm ebenso unfreundlich unterstellt, dass er ja für Leute wie sie nix schreibe. Er lud sie daraufhin sofort zu sich nach Hause ein, und was aus dieser Zusammenarbeit mit Hilfe der Autorin Angela Gentzmer geworden ist, nennt man Geschichte. Ihre schönsten und zeitlosen Lieder, als Süße oder Kleene, als Menschenkind oder Berlinerin. Da gab es Tränen vor Rührung und eine große Freundschaft mit Krächen und Versöhnungen beim Skat. Das sah so aus: Es gab Streit bei der Arbeit, zwei Meinungen standen sich gegenüber, und Helga verließ das Haus der Familie Bause mit der Versicherung, sie werde nie wiederkommen. Das traf sie alle, auch die Töchter, die bei Helga immer eine Schulter fanden, um sich über die Welt zu beschweren. Inka war ein zartes schönes Mädchen, hatte Träume im Kopf und stand ziemlich unter Druck, welchen Weg sie wählen sollte. Zwar wurde ihre ältere Schwester die erste Schönheitskönigin in Berlin, als die Puhdys den Wettbewerb organisierten. Hinter dem Rücken von Papa Bause, der dem nie zugestimmt hätte. Ich fand Inka schöner, hübscher, aber sie war ja für den Laufsteg damals zu jung gewesen. Es sah rührend aus, wenn sie mit dem großen Familienhund spazieren ging – aber wahrscheinlich war der gar nicht groß, sondern Inka nur so zierlich. Als es aber um ihre erste Liebe ging und Papa am liebsten vier Hände gehabt hätte, um sein Mädchen vor Erfahrung zu schützen, war es Helga, die ihn aufhielt, als er gerade wie jeden Abend wieder auf die Uhr mit ihrem blöden Zeiger wies, der eben 22 Uhr meldete. Papa schickte sich an, die Treppe hinaufzugehen und den Jungen, der schon ein Mann war, nach Hause zu schicken. Er ging dann nach oben, aber mit einem Schlafanzug als Leihgabe, und einem Gutenachtgruß. Ich kannte ihn und weiß, das war ein schwerer und wichtiger Moment für ihn. Riskiert hat er nichts. Inka sagte: »Hätte man sich doch gar nicht getraut.«

Wenn Helga aber wegen Uneinigkeit nicht zum Arbeiten, Ausdenken oder nicht mal zur Vorbereitung einer gemeinsamen Urlaubsreise oder zu spontaner Skatnacht kam, dann fehlte etwas.

Irgendwann hielt dann immer ein Taxi vor der Tür, Helga stieg aus, gab dem Fahrer ein gutes Trinkgeld und sagte: »Also Blödi, weeßte Bescheid. Holst ma ab. Sagn wa' um Zweie.« Damit war zwei Uhr nachts gemeint, und Blödi hieß bei ihr jeder Mann. Nicht, dass sie keinen Respekt hatte, den hatte sie. Vor dem Taxifahrer ebenso wie vor Bause, aber sie lebte ihre Schrullen eben wie ihr Talent. Wenn sie ausgestiegen war, nahm sie ihren immer gleichen Korb, gefüllt mit Köstlichkeiten aus dem Delikat-Laden, vielleicht auch manchmal aus dem Intershop, das weiß ich nicht, ich hab ihn nie gesehn. Sie ging den schmalen Weg zur Eingangstür, knallte ihren Korb auf den Küchentisch und rief: »Is'n hier keena?«

Dann war alles gut. Dank Angrets Art, ihre Künstler zu verwöhnen und andererseits zu durchschauen. Ihr Herz war bei der Sache, immer. Und sie verstand was von ihr. Im Lauf der Zeit immer mehr. Wenn eine noch kein Kleid für die große Chance eines exklusiven Auftritts hatte, dann holte Angret auch mal ihre Robe, noch ungetragen, aus Paris und ein Geschenk von Arndt, aus dem Schrank, passte das schöne Kleid an – und kriegte es natürlich nicht wieder.

Helga brauchte Exklusives eigentlich nicht. Sie gehörte als Freundin zu den beiden, die in ihrer Ehe ein Liebespaar geblieben waren. Dieses Glück stärkte Arndt. Er hat nie den Respekt vor seiner Frau verloren, ob er gerade den Nationalpreis kriegte oder mit einem Künstler Pech hatte; also ein Jahr Arbeit abschreiben musste.

Helga war ohne Geiz. Sie gab von Herzen, ob aus der Börse oder aus dem großen Fundus ihrer Erfahrung.

Hier ist nicht der Platz, zu erzählen, was ich für die Bühne von dieser Kollegin gelernt habe, aber genannt sei eins: die Nähe.

Das muss erklärt werden.

Am Tag nach einem schrecklichen Erdbeben in Armenien bekam ich einen Anruf:

»Du musst morgen Nachmittag in den Palast kommen.«

»Und warum?«

»Na, wir machen eine Solidaritätsveranstaltung.« (War ja klar, für wen.)

»Und was soll ich da?«

»Du musst die Conférence machen.«

»Und wer kommt?«

»Das wissen wir doch nicht. Werden wir ja sehn.«

»Wann habt ihr euch das ausgedacht?«

»Na, eben.«

Hm. Es gab kein Handy, mit dem jemand verständigt oder eingeladen werden konnte. Viele hatten noch kein Telefon. Das ließ hoffen und legte nichts fest.

Ich konnte mir nicht vorstellen, wie sie das schaffen sollten, innerhalb von 24 Stunden etwa dreitausend Besucher zu holen, Spender zu erreichen – und wer sollte auf die Bühne?

Würde eine Ansage im Rundfunk etwas bringen?

Das waren die Zweifel vor einem großen Erlebnis. Am nächsten Abend waren alle Plätze besetzt. Nachdem ich am Nachmittag nicht wusste, was ich außer der Tonprobe am einzigen Mikrofon des Abends vorher sagen sollte. Ich stand hinter der Bühne, hinter einem Vorhang, außerhalb möglicher Vorbereitung. Und dann kamen sie, angeschlendert oder in Eile, mit leeren Händen und ohne Bühnenkleidung, noch geschminkt und wie vor einem großen Auftritt. Rockgruppen hatten sich nach einem Konzert in verschiedenen Gegenden an der «Tanke» getroffen, die einen wussten was, die anderen gar nichts, und so kamen beide.

Der Abend war sehr lang. Nach den Aufführungen in den Theatern kam noch einmal ein Schwung, und es war wunderbar, wie sie sich als Profis umgehend über die Umstände und ihre eigenen Möglichkeiten informierten. Es war so einfach, weil jeder zur Hilfe beitragen wollte.

Die große Inge Keller kam, sehr angeschlagen wegen eines verklemmten Ischiasnervs, sie lehnte sich an die Wand und ließ sich langsam zum Sitzen auf die Erde runter. Ich sagte: »Nein, wir fahren Sie mit dem Auto nach Hause. Sie müssen nicht so leiden.« Sie sagte: »Das ist Lampenfieber.« Und schwenkte ein Blatt Papier, auf dem ein bekanntes Gedicht von Paul Wiens stand. »Dies sei unser Vermächtnis ...« Sie hatte es bestimmt schon hundert Mal irgendwo vorgetragen. Aber nun Lampenfieber, und Ischiasnerv. Als sie dran war, ging sie nach vorn, hielt den Zettel als Requisite, sprach ihr Gedicht, bekam Riesenapplaus, schritt stolz durch den Vorhang zu uns und ließ sich wieder an der Wand nieder.

Neben mir stand Helga. Wir lugten gemeinsam durch den Vorhang, und sie sagte: »Wie schön die alle aussehn. Kuck ma, wie schön die sind.«

Ich dachte, sie meine die Künstler.

Aber sie sagte: »Die ham den janzen Tach jearbeitet, denn sindse nach Hause, vielleicht janich Ahmbrot jejessen, aber ham sich schön jemacht. Und da sitzen sie jetzt. Det sind meine Leute. Die jehör' ick. Und jetzt geh ick raus und mach für die mein' Spagat.«

Und sie machte ihn, den Spagat.

Der Abend brachte 132 000 Mark. Vielleicht nicht viel, im heutigen Vergleich. Aber dafür waren die Decken, die Zelte und die Medikamente auch nicht so teuer wie heute.

Und eines Tages trafen wir uns bei gleichzeitiger Ehrung und hielten sofort zusammen.

Es gab den Nationalpreis. Ich hatte ihn Dritter Klasse schon mal für meine Unterstützung der Singebewegung im Kollektiv bekommen, konnte ihn in dieser Kategorie nicht mehr kriegen, also Zweiter Klasse. Durch einen Gang getrennt saßen wir neben Christa Wolf und Eva Strittmatter, beide in Erwartung von etwas Höherwertigem, nämlich Nationalpreis Erster Klasse. Helga hatte noch keinen, also Eiersorte Dritter Klasse. Das war mir sehr unangenehm. Sie hätte ihn Erster Klasse verdient, wirklich, wenn es schon solche Einordnung gab. Aber sie tat das ab, und wir hatten ja auch andere Sorgen.

Uns beschäftigte ein wichtiger Gedanke: Würde uns beim Aufstehn und Nachvornegehn Bluse oder Rock am Hintern kleben, wie das durch die Beimischung von Chemikalien leider auch bei Kledage aus dem Exquisit unvermeidbar war? Wir übernahmen die Verantwortung für die andere, gingen danach auch gemeinsam in den Saal, in dem die Atzung ausgeteilt werden sollte und wurden so ungewollt Mitwirkende in einer der peinlichsten Situationen, die ich erlebt habe. Erich Honecker war von seiner Tournee durch die Bundesrepublik zurück, also persönlich anwesend, und wie immer standen die Politiker hinter den Tischen des Büfetts, als seien sie so vor dem gemeinen Volk sicherer. Mehrere Türen öffneten sich und ein geschultes Ballett von weiblichen und männlichen Kellnern versuchte zu schweben, während alle mit Tabletts, Suppenkübeln und Warmhaltern bepackt waren.

Ehe aber einer davon etwas absetzen konnte, trat Honecker an ein Mikrofon und begann zu reden, gutgelaunt und unabgestimmt. Er redete und redete, wie er sie

»drüben« alle mit seinen Antworten mundtot gemacht hatte, wie erfolgreich seine Reise war und wie folgenreich sie sein würde – und er nahm weder die versteinerten Gesichter seiner Genossen noch die peinigende Lage des Personals wahr. Es war wie im Märchen von Dornröschen. Zigaretten schwebten unangezündet, alles blieb wie angenagelt stehen.

Es kam dann durch einen Blicktausch so, dass Helga und ich uns an einen der Kellner ranpirschten, ihm seine Last einfach offen abnahmen und aufs Möbel stellten, und dass andere unserem Beispiel folgten; auch wurden die Zigaretten angezündet, Leute wechselten das Standbein, und obwohl Honecker weiterhin redete, normalisierte sich die Lage im Raum. Und ich, passionierte Nichtraucherin, sagte zu Helga: »Gib mir mal ne Zigarette.«

Sie sagte: »Rauchste eene, rauchste alle.«

Sie hat mich zum Lachen gebracht. Sie hat mich auch gerührt. Und schöne Frauen sehen nie so schön aus, wie weniger schöne, wenn die gerade schön aussehen. Doch, das ist wahr, und traf auf die Helga zu.

Bause war mein Freund, und er fehlt mir. Helga war nicht meine Freundin, aber manchmal möchte ich mir mit ihr ein Programm ansehen und zu ihr sagen: »Die machen bloß noch Scheiße. Jeh mal ruff und zeig se, wie't jeht.«

DIESER DUNKLE FLIEDER

In Lila ist er noch schöner, aber die Erinnerungen führen mir immer wieder den weißen Flieder vor Augen. Ich habe ihn im Garten hinter dem kleinen Laden von Frau Gurtner gesehen, deren Mann schon nach den ersten Wochen, noch in Polen, gefallen war. Ihr Vater schnitt den Strauch manchmal zurecht, aber nie zum Strauß.

Mein Weg führte mich jeden Tag mehrmals an diesem Garten vorbei. Zu meinem Geburtstag blühte der Flieder, und ich konnte mir die Blüten ansehen. Geschenkt hat sie mir niemand, das war bei den Bauern nicht üblich. Man besaß dort keine Vase, sowenig wie zu Hause in Berlin. Die anderen Menschen hatten einen katholischen Namenstag, und ihnen wurde auch nicht extra gratuliert.

Im März des Jahres 1949 lag Berlin in weißem Schnee. Es gab nur wenige Autos, darum blieben die Straßen länger weiß.

Ich war siebzehn und bekam von meinem eben angetrauten Gatten weißen Flieder. Er war sechs Jahre älter, ein tüchtiger Mann, der an solcher Stelle das Unmögliche möglich machte. Der weiße Flieder war nicht besonders üppig. Ich hatte schon viel schöneren gesehen. Und dennoch sind mir diese tapferen Blüten, mitten in einem besonders kalten Winter, in Erinnerung geblieben. Weißer Flieder lag auch später nie in den Läden, und wenn die Büsche in Farbe und Duft platzten. Er war zu vergänglich und kein richtiges Geschäft mit ihm zu machen.

Ich habe dann oft Flieder geschenkt bekommen. Der war immer geklaut, nahe der Straßenmauer, vielleicht auch auf dem Friedhof, hinter dem Haus von irgendwem, seltener aus dem eigenen Garten geschnitten. Aber in alledem, was ich auf der Welt an leuchtenden Blumen gesehen habe, hat nichts die Empfindung übertroffen, diese sensible, die ich beim Duft, beim Anblick von weißem Flieder habe. Das konnten die vor Lust platzenden riesigen Blumen in Georgien nicht einholen, nicht die Wunder einer kostbar angelegten Ausstellung von Geblüh und auch nicht die viel später aufkommenden Orchideen, die bei uns in den Läden angeboten wurden und deren wenige Arten uns über den Mangel an Vielfalt jahreszeitlicher Blumen trösten sollten. An den Frauenschuh erinnere ich mich und an blasse, gelbe und hellbraune Blüten, dazwischen ein bisschen Rot.

Hinter einem Haus am Strausberger Platz, am Rand des Kreisverkehrs, gab es eine ganze Reihe von großen Büschen blauen und weißen Flieders. Einmal, nur ein einziges Mal, als es mir gerade den Boden unter den Füßen weggezogen hat, als ich wieder einmal gezwungen war, einen Schnitt zu machen und einen Anfang zu suchen, und als mir so war, als müsste ich etwas Außerordentliches für mich tun, bin ich dort ausgestiegen, habe den Wagen stehen lassen und bin ein paar Schritte gegangen, um mein Gesicht einfach mitten in die Pracht der Blüten zu stecken, nicht den blauen habe ich gesucht, nicht den lilanen, sondern den erinnerungsschweren, weißen.

Und dann, da war ich schon ein ganzes Stück reifer und konnte auch gelegentlich über mich selber lachen, rannte ich mit Veronika Fischer nahe ihrem Haus eine Straße entlang, auf der rechts und links nur Fliederbüsche waren, und die haben geblüht. Ich hatte Geburtstag, wir waren essen, und dann haben wir Fliederduft geatmet, beide laut gelacht und waren uns nahe. Das hat zu ein paar neuen Liedern geführt. Die hat sie gesungen, und so hatte sich aller Vorlauf und alles, was je wehgetan hat oder warten musste, wunderbar gelohnt. Damit war der Bann aufgehoben. Es hatte angefangen mit einem Fehler, und es endete mit der Lust an meiner Arbeit. Es war falsch gewesen, mit siebzehn den falschen Mann zu heiraten, und es war richtig, dass es mit Liedern endete, die von einer besonderen Stimme gesungen wurden.

Lauras Liebster hat mir, ohne meine Geschichte mit ihm zu ahnen, einen großen Kübel mit Erde und Zweigen auf den Balkon vor meinem Fenster gestellt. Schon das dritte Jahr nicken dort üppige Blüten von weißem Flieder.

DER SCHÖNSTE MONAT

Meine Generation kann sich den Mai nie als einen Monat des schönen Frühlings denken. Der Mai, das ist jener Monat der Befreiung vom größten Unglück, das einem Volk widerfahren kann. Sechs Jahre lang Krieg. Nach kurzer Zeit der maßlosen nationalen Überheblichkeit, als taumele man singend und im Eilschritt einem Sieg zu, und dann Kälte, Hunger, millionenfacher Tod, all das Unglück, an das wir uns noch genau erinnern. So, dass uns das Wort Frieden trotz des allzu verschwenderischen Umgangs mit ihm als Sehnsucht nie ausgegangen ist.

Über Glück und Unglück weiß ich als Hausfrau, Mutter und Mitfiebernde im großen Weltgeschehen mit all seinen Katastrophen durch Wetter, Schicksal und Politik doch einiges, wenn auch nie genug, wie sich immer wieder zeigt.

Manchmal nehme ich es mir vor, aber ich kann nicht davon ablassen, täglich meine Zeitung zu lesen. Das ist eine andere Art von Aufnahme als durch das Fernsehen. Da werden mir Bilder gezeigt, eine Wetterkatastrophe oder die Untaten von wahnsinnigen Mördern. Es hat aber eine andere Wirkung, wenn ich die Bilder aus meinen eigenen Erfahrungen entstehen lassen muss.

Gewärmt von der neuen, auch Brechtschen Überzeugung, dass der Mensch den Menschen ein Helfer sein muss, empfange ich meist die Faustschläge der Informationen ungeschützt. Kommt man ihr auf die Spur, erkennt man die Gesinnung hinter den Nachrichten, deren Richtung dir scheinbar nur vorgeschlagen, in Wahrheit aber aufgenötigt wird. Es braucht keine Beweise, um als

Schurkenland gebrandmarkt zu werden, oder als Land wie ein leichtsinniges Luder, das sein schönes Wetter, seine herrlichen Anlagen und seine alte hellenistische Kultur zu billig preisgibt. Durch eigene Schuld ist es in die Lage gekommen, erpressbar zu sein, von Gläubigern, deren es viele zu geben scheint, und die müssen ja nun mal auf ihr eigenes Geld achten.

Ich war noch jung und politisch eher naiv, als ich ein Hörspiel über Manolis Glezos schrieb. Er hatte die verhasste deutsche Besatzerfahne von der Akropolis heruntergeholt.

Viel später habe ich die Mauthausen-Kantate von Theodorakis in unsere Sprache übertragen. Und einmal, ach, einmal hatte ich die Ehre, beim Friedensmarsch nach Athen dreißig Kilometer weit in der ersten Reihe zu laufen. Arm in Arm mit dem Sohn des Arztes Lambrakis, der erschossen worden war, weil er diesen Marsch neu belebt hat. Ich ging auch neben einem ehemaligen Auschwitzhäftling in seiner alten Montur. Mehr als hunderttausend Griechen sind an diesem Tag die Strecke des Friedensmarsches gelaufen. Unter ihnen Maria, die einen Genossen geheiratet hat, um Kontakte zu den Gefangenen auf der Insel herzustellen – sie sind noch zusammen und haben zwei Kinder. Was mich damals sehr bewegte: neben uns fuhren teure Autos vorbei, langsam, die Fahrer hielten an, fuhren weiter. Man erzählte mir, es seien Ärzte, Rechtsanwälte, Kaufleute, die den Zug begleiteten, um Ermüdete aufzunehmen. Kurz vor Athen stieg ich mit meinen falschen Schuhen in ein solches Auto und wurde mitten in die Stadt zu einer Tribüne gefahren.

Mit uns war Konrad, der Pastor aus Hamburg. Er hatte in Athen studiert und als Leichtathlet für Griechenland eine Goldmedaille bei einem europäischen Wettbewerb geholt. Konrad war so legendär wie sonst ein Schlagerstar.

Es war damals nicht schwer, unsere klamme Lage zu erkennen. Wir DDR-Leute hatten kaum Geld, und das merkte er sehr schnell. Er sah, dass die Professorin der Humboldt-Universität ihre letzte Drachme für ein Buch ausgab, das sie ihren Studenten mitbringen wollte. Und dass wir anderen sie deswegen fütterten. Er hat uns kein Geld zugesteckt, das hätten wir auch nicht genommen, denn wir bemerkten ebenso, dass er selber nicht wohlhabend war. Was ihn mir unvergesslich macht: Er ging am Abend vor dem Friedensmarsch mit uns DDR-Leuten in die Gasse der Juweliere und Kaufleute, wo die Dächer erstaunlich niedrig waren, man konnte auf das Dach klopfen. Konrad tat das. Nach einem bestimmten Klopfzeichen wurde die Tür aufgerissen, und Männer lagen sich in den Armen. Es wurde gelacht und sehr schnell geredet, und wir konnten dann beim Weitergehen erfahren, dass ein Teil der Reichen in Griechenland den Widerstand gegen die Junta unterstützt hatte, mit Geld und Verstecken, mit jenem Mut, den man gerne mit dem Gedanken an Griechenland verbindet.

Konrad brachte uns auch zu dem jungen Genossen Bürgermeister, der sich mit anderen Studenten in der Universität verbarrikadiert hatte und sie so gegen die Panzer der Junta verteidigte. Von ihm erfuhr ich, weshalb die Griechen Konrad liebten: Als die Junta an die Macht kam, hatte er die Listen mit den Namen der Genossen unter seiner Kleidung bei Lebensgefahr nach Hamburg gebracht und aufbewahrt, bis er sie feierlich wieder zurückgeben konnte. Nun saßen wir ohne eigenes Verdienst am übervollen Tisch mit einheimischen Delikatessen und einem reichen Angebot an Vitaminen. Wir aßen uns satt noch für den nächsten Tag.

Beim Friedensmarsch gingen wir an einer amerikanischen Kaserne vorbei. Der Posten stand mit gespreizten Beinen davor, die Hände im Rücken. Ich fragte Amy, die zierliche Amerikanerin hinter mir, ob er wohl bewaffnet wäre. Das war naiv.

Und dann hörte ich auf einmal aus dem Lautsprecherwagen zur Ehre unserer Delegation die griechischen Lieder in meinen Nachdichtungen, gesungen von den Sängern des Oktoberklubs. Es hat mich bewegt, und es ist mir geblieben.

Ich war vor meinen Kollegen an der Tribüne. Es wurde an ihr noch gebaut, und ich sah also den leeren Thronsessel, auf dem dann die berühmteste, sehr alte griechische Dichterin Platz nahm. Als alle versammelt waren und in ziemlicher Nähe auch die Gegendemonstration ihre Lautsprecher hören ließ, hielt sie eine vielleicht pathetische, aber auch zutiefst patriotische und antifaschistische Rede, die nicht übersetzt wurde. Von ihrem Gesicht, dem Tonfall ihrer Stimme und den Gesichtern derer, die ihr zuhörten, war abzulesen, worüber sie sprach. Gegen die Unterdrückung und für die Freiheit der Griechen.

Unsere Haltungen sind meist nicht langatmig erarbeitet, sie haben ihren Augenblick der Entstehung. Man muss schon schurkisch sein, um von einer solchen Barrikade wieder herunterzusteigen. Was ich damals erlebt habe, mag vielleicht weitaus weniger sein, als geübte Urlauber über Griechenland wissen, oder zu wissen glauben. Aber meine Verbundenheit, von der ich schon vorher glaubte, ich hätte sie, wurde an jenem Tag mit all seinen Besonderheiten und an jenem Abend, an dem ich vor Erschöpfung todmüde und vor glasklaren Gedanken hellwach war, neu gegründet. Als ein bleibender Eindruck von solchen griechischen Menschen, deren es ausreichend zu geben schien.

Den Tag der Befreiung vom deutschen Faschismus erlebte ich selber fünf Tage vor meinem vierzehnten Geburtstag. Wir standen auf der Straße und reichten uns gegenseitig ein Fernrohr, durch das man die ziemlich ferne Straße von der Bahnstation Gurten nach Ried im Innkreis sehen konnte. Ungenau zu beobachten war ein langer, langsam sich bewegender Zug aus Menschen in gestreiften »Schlafanzügen«. So nannte es neben mir ein Soldat, der alle Wehrmachtszeichen von seiner Landser Uniform entfernt hatte, ehe er Stunden später in amerikanische Gefangenschaft ging. «Die sind aus Mauthausen«, sagte der Landser. Und später: »Man hat ja nicht mehr gewusst«.

Peter Edel meinte einmal, er wäre wahrscheinlich in diesem Zug gewesen. Da er in Mauthausen befreit wurde, könnte das sein.

An einem 9. Mai wurde meine Tochter geboren. Damals war der Frieden sechs Jahre alt.

WEIBERWEGE

Wir unruhigen, fordernden Weiber sind einen langen Weg gegangen. Den Namen »Helden« brauchen wir nicht, aber wenn wir diese immer noch fragwürdige Bezeichnung zulassen, müssen wir, Mann und Frau, einen neuen, unblutigen Sinn in diesem Wort suchen. Gelingt es uns, den menschlichen Auftrag zur Rettung der Erde mit ihm zu verbinden, und ehren wir unabhängig vom Geschlecht jeden, der dabei hilft, dann ist das schon richtig.

Auf dem Weg zueinander haben Männer und Frauen Verluste zu bedauern. Wir haben uns zu wenig beigestanden, den Umgang auf Augenhöhe kaum erreichbar genannt, und dabei hat es an Signalen für eine andere Art, miteinander zu leben, doch nicht gefehlt.

Über die Jahrhunderte liegen Beweise dafür vor, dass Frauen mit anderem Körper ausgestattet sind, damit sie andere Wunder vollbringen können. Doch auch sie haben, wie die Männer, nicht nur zwei fleißige Hände, sondern auch hurtige Gehirne. Was alles dunnemals hinter den traurigen Blicken und den entzückenden Gesten steckte, schien von wenig Bedeutung getragen und eine besondere Ausstattung für den zweitklassigen Menschen, die Frau.

Dabei haben sich die Frauen doch gemeldet. Seit über 500 Jahren geben sie Signale, durch Handlungen oder in Schriften, die oft als Duselei der Herzen und als Entfremdung von der eigentlichen Aufgabe des Weibes abgetan wurden. Oder als bezaubernde Ausnahme einer Person, die sich aufspielt und wichtig macht. Sie sind entweder aus Mangel an Bildung im versuchten

Werk steckengeblieben, wie die schlesische Nachtigall Friederike Kempner, deren unfreiwillig komische Gedichte von der Familie aufgekauft wurden; oder wie Eugenie Marlitt, die im liebenden Mann die Lösung aller Probleme sah.

Aber viel früher hat ja schon Sappho ihre Geliebte besungen und damit vielleicht als Erste den Anspruch auf Gleichwertigkeit aller menschlichen Leidenschaften erhoben. Theresia von Ávila hat sich mit Luther im Bauernkrieg angelegt. Eine herrische Person. Ach ja, in diesem Wort steckt die Ähnlichkeit zu männlichen Unterdrückern. Ihre Meinung über die Bauernkriege war nicht eben fortschrittlich. Aber die Gründung der Klöster bot zweitgeborenen Frauen ohne Aussicht auf ein eigenständiges Leben doch in der Gemeinschaft mit ihrem Gott und mit anderen Frauen eine Art von sinnvollem Sein. Wahr ist auch, dass die kühnsten der Frauen nur deswegen zu einer gewissen Macht gelangen konnten, weil sie auf dem erkämpften, ererbten, dem weitergereichten Geld ihrer männlichen Ahnen in aller Ruhe oder Unruhe verwirklichen konnten, was sich ihr lebhafter Geist ausdachte. Ohne die Macht der Männer, von denen sie herkamen, wären sie armselige Personen weiblichen Geschlechtes unter den anderen gewesen. Die Möglichkeiten ihres Talentes oder lebhaften aufsässigen Geistes hätten sie dann nur für die höheren Weihen zur Ehre Gottes oder für einen angetrauten Gatten einbringen können, also so gut wie nicht.

Wir haben heute eine Verteidigungsministerin, von der wir wissen, wer sie erzogen hat und in welchem Geist. Auch sie bewegt sich bergan auf einem Boden, den die Männer ihrer Familie für sie vorbereitet haben.

Hat die eine zur Ehre Gottes Klöster gegründet, hat die andere sich mit der Frage zu beschäftigen, wohin sie ihre Soldaten schicken kann, ohne sich selber zu gefährden. Könnte es sein, dass der Weg zum Kanzlerstuhl am ehesten über diese umstrittene Funktion und ihren wahren Auftrag geht? Muss sie Soldatisches beweisen, um als Politikerin glaubwürdig zu sein? Wir haben eine zu lange Strecke zurückgelegt, da gibt es kein Zurück. Keine Chance, in die relative Geborgenheit der Rechtlosen zurückzukehren.

Nach dem 20. Juli 1944 haben sich, so steht es im Buch des damaligen Pfarrers im Frauengefängnis in Berlin, die Frauen einfinden müssen, die in die Pläne ihrer Männer eingeweiht waren, und hingerichtet wurden oder zu langen Zuchthausstrafen verurteilt.

In meinem Leben hatte ich das Glück, große Frauen zu treffen, mich von ihnen klüger machen zu lassen oder mit ihnen befreundet zu sein. Einige davon kennt jeder. Andere sollten bekannt sein. Sie sind auf ihre Weise einen Weiberweg gegangen, der ihnen nicht in die Wiege gelegt war.

Mit der Zeit wird es schwer, ihnen den Mund zu verbieten. Dafür sind die Folgen der Alleinherrschaft von Männern zu dramatisch. Auch meine Generation hat es nicht geschafft, zu wirklicher Gleichwertigkeit zu gelangen. Und meine Töchter und meine Enkelin sind dahin noch immer unterwegs. Das mag manchmal nicht so scheinen. An den Rändern der Weiberwege grünt es derzeit nicht gerade, allem Anschein zum Trotz. Was bedeutet das? Nicht nachlassen. In der Freundlichkeit und im Beharren.

Über das Mädchen

Das Mädchen Johanna hat uns keine Antwort hinterlassen. Und jeder erzählt mir was anderes, mancher Auskenner verweist mich gleich an die Dramatiker oder solche Autoren, die einem alles so erklären, als wären sie unmittelbar dabeigewesen. Aha, es leuchtet ein, so könnte es gewesen sein.

Aber dann fällt mir wieder auf, was alles nicht stimmen kann, wenn das andere stimmen soll.

Es war Shakespeare, der Jeanne d'Arc eine Hexe nannte. Heißt das, er glaubte, sie könne zaubern und habe Umgang mit unirdischen Wesen? Natürlich glaubte der große englische Dramatiker das nicht. Dennoch hat er sie eine Hexe genannt. Niemand weiß bis heute genau, wessen Werkzeug dieses Mädchen gewesen ist, wer ihren Mut und ihre Ausdauer für sich benutzte. Die Legende hat sich ihrer schon bemächtigt, als sie noch lebte und gegen die englischen Eindringlinge kämpfte. Es heißt, dass Männer sich an ihre Seite stellten, weil sie fest an ihre Gottgesandtheit glaubten – und dass Soldaten aus dem gegnerischen Lager aus gleicher abergläubiger Furcht vor ihr den Waffendienst verweigerten.

Aber man weiß nicht einmal genau, wie sie aussah. Es gibt kein authentisches Bild von ihr, und selbst die Zeugnisse ihrer Zeitgenossen widersprechen sich. Die einen sagen, sie sei von gedrungener Gestalt gewesen, habe helles Haar und ein bäurisches Gesicht gehabt. Andere rühmen ihre schlanke, hoch gewachsene Figur, das dunkle Haar und die feinen Züge.

Einig sind sich die Überlieferer nur darin, dass ihre Stimme einen besonders mädchenhaften Klang besaß ·

und dass ihr Körper mehr kindliche als weibliche Merkmale zeigte.

Geboren wurde Jeanne d'Arc zur Zeit des Hundertjährigen Krieges zwischen Frankreich und England. Es ist denkbar, dass patriotische Erzählungen das entscheidende Grunderlebnis ihrer Kindheit bildeten.

Wenn sie wirklich 1412 geboren wurde, war sie kaum erwachsen, als sie Männerkleidung anlegte, ein Schwert nahm und sich in eine Arena begab, in der Machtkämpfe eine Rolle spielten, die Jeanne unmöglich überblickt haben kann – sie, die noch nicht einmal lesen und schreiben konnte. Ganz bestimmt gehört es zu den unzähligen Legenden um sie, dass sie sich zu Hause, in der bäuerlichen, wohlhabenden Umgebung, mit Strategie und Kriegskunst befasste, um sich auf ihre Aufgabe vorzubereiten, die sie selber später ihre »Sendung« nannte. Sie nahm die schwersten körperlichen Mühen des Soldatenhandwerks auf sich und blieb bei dem Gelübde lebenslanger Keuschheit, das sie frühzeitig abgelegt hatte. Sie anerkannte den labilen und unfähigen Karl VII. als ihren weltlichen Monarchen, Gott aber als den einzigen Herrn und Meister, dem sie sich völlig unterwarf.

Es ist nicht verwunderlich, dass die Menschen des Mittelalters gläubig aufnahmen, was die einen als Zeichen ihrer göttlichen, die anderen als Beweise ihrer höllischen Zugehörigkeit ansahen. Niemand weiß, ob sie wirklich verraten wurde, wie einige Historiker bekunden, oder ob sie – nach den Zeugnissen anderer – durch Zufall in die Hände der eigenen Landsleute geriet, die sie teuer an die Engländer verkauft haben sollen.

Ihr Prozess gehört zu den Glanzakten der Inquisition. Vor einem parteiischen Gericht wurden ihr die Mindestrechte eines Angeklagten vorenthalten und Verbrechen zur Last gelegt, die sie nie begangen haben kann. Wenn man aber ihre Antworten liest und erkennt, mit welcher Schläue sie den schwierigsten Fragen auswich, dann ergibt sich, dass man sie weder als Hysterikerin abtun noch in ihr nur ein naives Mädchen aus dem Volke sehen kann. Denn spätestens beim Studium dieser Akten wird offenbar, dass sie zwar durchaus exaltierte Züge besaß, aber auch einfaches Denken. Sie muss von klügeren Leuten auf eine solche Situation vorbereitet worden sein.

Tochter, Mädchen, warum, warum hast du das gemacht, dich solchermaßen angeboten als Opfer? Deine Richter konnten nichts anderes tun, als ihren eigenen schrecklichen Vorgaben zu folgen, sonst wären sie unglaubwürdig und damit angreifbar geworden.

Da gab es den erzwungenen Widerruf, wollen wir nicht von den Mitteln reden, die ihn erzwangen. Aber Johanna hat ihn nicht aufrechterhalten, sie nahm ihn zurück. Fast undenkbar, dieser Mut nach der Erfahrung mit der Unbarmherzigkeit.

Am 30. Mai 1431 wurde ihr das Urteil verkündet. Das Gericht befand sie der zauberischen Hexerei und der Ketzerei für schuldig.

Sie blieb in englischer Gefangenschaft, obwohl sie sich dem Urteil des Papstes unterwerfen wollte, und wurde auf dem Marktplatz zu Rouen verbrannt.

Ihre Richter kamen danach zum großen Teil durch seltsame Umstände ums Leben, vielleicht gewaltsam durch Anhänger Johannas. Die noch Lebenden ließ Ludwig XI. als regierender König kurzerhand umbringen.

1456 begann der Prozess um die Rehabilitierung des Mädchens, das später vom Papst selig gesprochen und 1920 zur Heiligen erklärt wurde. Aber so lange warteten die Dichter nicht, sich dieser seltsamen und widersprüchlichen Gestalt zu bemächtigen. Schon 1516 besang ein wenig bedeutender Dichterling die Taten Johannas, der Jungfrau Frankreichs, der unsterblichen

Kriegsheldin. Und noch vor ihm richtete die inbrünstige Nonne Christine de Pizan ihre schwärmerischen Verse an das Mädchen und prophezeite sie als die Erretterin Frankreichs und als legitimes Kind Gottes.

Johanna starb im gleichen Jahr, in dem der Dichter Francois Villon geboren wurde. Er widmete ihr in seinem großen Testament ein ganzes Kapitel, in dem er sie allerdings – anders als Christine de Pisan – als Kind des Volkes besingt.

Es wäre müßig, alle aufzuzählen, die eigene Gedanken, eigene Empfindungen und eigenes Streben in das Gewand der historischen Johanna kleideten und unbewusst halfen, ihr Bild immer mehr zu verwirren. Von dem Stück, das Lope de Vega geschrieben hat, und das er die »Jungfrau von Frankreich« nannte, ist nur der Titel erhalten geblieben. Das Stück selbst ging verloren, und man kann nur annehmen, dass es sich um ein Drama handelte.

Voltaire und Schiller gingen mit sehr konträren Anschauungen an den Stoff, der den unerbittlichen Aufklärer Voltaire ebenso reizte wie Schiller, der sie mit großem Pathos zu einem Monument erhob. »Pucelle« nannte Voltaire sein Werk, in dem er Johanna lächerlich macht und ihre Unberührtheit den einzigen Schatz sein lässt, um den sie ringt, und der schließlich einem brünstigen Esel zum Opfer fällt.

Schiller schreibt, er sei mit Voltaire nicht einer Meinung. Voltaire habe das Mädchen zu sehr herabgesetzt, sein Fehler dagegen sei es vielleicht, die »Jungfrau von Orleans« zu sehr erhoben zu haben. Er wollte, dass Johanna seinem eigenen Volk ein Vorbild werde, es sollte sich entzünden an ihrem Beispiel, zu patriotischer Größe gelangen und sich erheben gegen Napoleon.

Wenn man von Mark Twain absieht, der ein mehr gut gemeintes als bedeutendes Buch über das Mädchen schrieb, mehr edel als aufhellend, dann ergibt sich der nächste interessante Aspekt durch Anatole France, der die Hintermänner sucht, die das Leben und Sterben der Jungfrau bestimmt haben. Er sucht sie bei den Pfaffen, wahrscheinlich fälschlich. Und über Georg Kaiser ist in diesem Zusammenhang nur zu sagen, dass er sich den albernsten Gesichtspunkt gewählt hat. Er versichert, Johannas eigentliche Sendung hätte darin bestanden, einen Lustmörder vom Galgen zu retten.

Interessant dagegen ist das Schauspiel von Bernard Shaw, wahrscheinlich sein bestes Stück. Er will zeigen, wie gewöhnlich Johannas Gegner waren und wie außergewöhnlich sie selbst. Durch eben diesen Wesenszug habe sie die Kräfte auf den Plan gerufen, die sie vernichteten.

Es ist unmöglich, alle Gedichte, Lieder, Novellen, Romane, Dramen und Abhandlungen um und über Johanna aufzuzählen. Dabei weiß man nicht einmal, ob sie sich ihren Namen gewählt, und selber Orléans an ihren Vornamen gefügt hat. Es gibt eine Oper, und der Film griff mehrmals nach diesem Stoff.

Anouilh hat der Johanna seine geistreichen Feuilletons in den Mund gelegt.

Und wir haben noch »Die Gesichte der Simone Machard« von Brecht, ein Stück, in dem er die kindhafte Visionärin zeigt, die einzig in außergewöhnlicher Situation imstande ist, außergewöhnlich zu denken und zu empfinden. Aber Brecht gibt noch eine andere Deutung, sicher die für unser Jahrhundert gültige, in der »Heiligen Johanna der Schlachthöfe«. In diesem Stück verschweigt er nicht ihre Güte und ihre Menschlichkeit, nicht ihr Streben nach Veränderung. Aber er lässt sie mit tödlicher Folgerichtigkeit zugrunde gehen, an eben dieser Güte und eben dieser Menschlichkeit, die nicht ausreichen, wenn sie nicht die notwendigen Verbindungen mit Taktik und Verstand eingehen.

Wenn Johanna einer Sekte angehörte und eine Hexe war, dann war sie eine durchaus weltliche Ketzerin, nach damaligen Gesetzen sogar zu Recht verurteilt. Aber auch dann war sie nur ein Werkzeug anderer, die benutzten, was sie in hohem Maße besaß: Mut und Leidenschaft, gesunden Verstand und unbestrittene Größe. Leidenschaft wäre auch heute so nötig, statt der Sucht, andere wenigstens zu überreden. Aber wenn ich einsteige, meine Kraft einbringe, dann bediene ich Interessen. Ich wüsste niemanden, der nur um der Sache willen agiert, nur um die Welt von ihren Wunden zu heilen und sie endlich zu befreien: für ihre Kraft, ihre Schönheiten, ihre Chancen, für ein unendliches Leben der Menschheit. Vielleicht kommt das einmal, vielleicht wird es das nach der letzten Warnung der Natur einmal geben. Ich weiß nicht, wie ich mich erklären soll: warum ich schon so lange zu verstehen suche, wer Johanna war. Wie das alles angefangen hat, und warum es so schrecklich zu Ende ging.

Wenn ich an sie denke, dann, als hätte ich eben einen Brief von ihr gekriegt, aber dann ist es doch bloß wieder ein leeres Kuvert. Manchmal beneide ich sie um ihre Lust, oder ihre Nachgiebigkeit, sich auf etwas einzulassen, das sie nicht bis zu Ende absehen konnte, schon gar nicht bis zu ihrem eigenen schrecklichen Tod.

Wir machen nichts, auch wenn draußen bei einer scheinbar friedlichen Demonstration Sprüche gerufen werden, die das Staatsrecht auf den Plan rufen müssten. Dabei kennen wir die möglichen Folgen solcher Aufhetzung und dürften sie uns nicht bieten lassen.

Wie aber leidenschaftlich nach Lösungen rufen, wenn da außer dir selber schon am Anfang nur ein paar Leute rumstehen, die sich verfatzen, sobald das Handy sie zu interessanterem Tun abruft. Nein, von Aufbruch kann nicht die Rede sein, wir reden gemäßigt im Hausflur, im Fahrstuhl und auf der Straße, wie die meisten Abgeordneten.

Ich seh mich den Kopf senken, die Wörter verschlucken, weil ich wieder Befremdung fürchte.

Wir haben uns eingerichtet. Mit einem Maß, das nicht reicht. Mit einem Risiko, das nicht zu groß sein darf.

Wir benutzen unseren gesunden Verstand, um klarzukommen. Dagegen ist nicht das Gegenteil anzuraten, nur: Waren wir nicht einmal anders? Lauter, vielleicht doch leidenschaftlich?

Das kann niemand von mir verlangen. Ich verweise auf mein Alter, auf das, was ich vorgelegt habe, was ich riskieren würde, was mir im Wege steht, und auf andere.

Ich wüsste so gern, was Johanna gewusst hat, was sie begreifen konnte. Auf den Spuren der Weiber hoffe ich, mich selber besser zu verstehen. Die Nachfolgenden sind nicht den ganzen Weg gegangen, mussten ihn nicht mehr gehen. Wir waren es, meine Generation, die versucht hat, aus dem Papier etwas Lebbares zu machen, die vorgegebenen Grenzen zu übersteigen, ach, auszusteigen aus dem, was uns unsere Mütter empfahlen: Schläue, Verstellung, Ausnutzung anderer, zum Beispiel des einzigen erlangbaren Mannes.

So nicht, hab ich gedacht und Sicherheit durchschaut als unerträgliche Abhängigkeit.

Zu denken, wir Frauen hätten nichts für sie tun können, damals.

So haben die Frauen gelebt, dass sie nichts für eine andere tun konnten. Das klingt, als hätten sie es gewollt. Ich wünschte mir das. Aber wahrscheinlicher ist doch, dass viel Volk eilte, herbei, herbei, um das Spektakel nicht zu verpassen.

Applaus und danke

Leider sind wir keine Freundinnen. Dazu fehlt die Tradition der ständigen Begegnung durch dick und dünn. Schade, schade.

Die Ursula Karusseit lernte ich kennen, als der Regisseur Benno Besson sie gerade leidenschaftlich attackierte, um aus ihr die Seine zu machen. Er war da sehr einfallsreich, was die auf den ersten Blick sachliche Usch manchmal eher befremdete. Der Theaterkritiker André Müller sen. nahm mich mit zu einer Verabredung mit Besson. So kamen wir in ihre Altbauwohnung in Oberschöneweide, die mit wenig Möbeln großzügig ausgestattet war. Da saß sie, ungeschminkt, aufmerksam, ganz ohne sogenanntes weibliches Getue. Tranken wir Tee? Das weiß ich nicht mehr. Aber wie sie mitdachte, dem Gespräch aufmerksam folgte und alles zu verstehen schien, was da zwei besessene Theatermänner hin und her wendeten, daran erinnere ich mich. Zwischen uns, der Usch und mir, war keine Fremdheit, war kein Kennenlernen nötig. Wir grübelten nicht einen Augenblick über die andere nach, wir begegneten uns vom ersten Augenblick an vertraut mit Blicken auf die eifernden Männer, manchmal kurz vorm Prusten.

Ich konnte mir damals nicht vorstellen, dass sie je völlig aus sich heraustreten könnte. Sie machte nichts, was die Verstellung oder das Eindringen in eine ihr eigentlich fremde Persönlichkeit ahnen ließ. Und doch hat keine der Schauspielerinnen, die in der Rolle der Elsa einander folgten, ihr aufgezwungenes Brautkleid vom Drachen so von sich gerissen, so weggeschleudert, wie die Usch. Und keine ist dem siegreichen, tödlich erschöpften Lanzelot so in die Arme geflogen. Das war viel später, aber vorher hatte sie Zahnschmerzen. Und wie viele Menschen konnte sie den Gedanken an den Zahnarzt fast so wenig ertragen wie den, sie solle die Schmerzen auch nur einen Augenblick länger aushalten. Wir hatten miteinander telefoniert, und ich überredete sie, mit mir zu einem Zahnarzt am Senefelder Platz zu gehen, der mir schon einen Weisheitszahn unter der Wirkung von Lachgas gezogen hatte. Die Schönheit eines solchen völlig schmerzfreien Vorgangs erzählte ich ihr wortreich. Nun, der Vorgang fand statt, dann nahm ich sie mit in meine Wohnung in der Schönhauser Allee und bettete sie dort auf eine Couch. Aber bis zum heutigen Tag weiß sie noch, dass ihr zwar die Schmerzen während der Prozedur erspart blieben, aber später in vollem Umfang nicht. Sie hat mir das gern immer wieder mal vorgeworfen.

Dann kam der Tag der Beerdigung unserer gemeinsamen Freundin Helga Edel. Die war Helmut Sakowskis kluge Beirätin und Dramaturgin für seine großen, mehrteiligen Fernsehspiele. Ungeachtet der Tatsache, dass den Schriftsteller und Helga eine lange und tiefe Zuneigung verband, sagte sie mir eines Tages mit Verständnis und nur einem leichten Schatten: »Geliebt, wirklich geliebt, hat der Sakowski die Karusseit. Für sie hat er die schönsten Frauenrollen geschrieben und gewusst, dass sie alles ausfüllen würde: ob er sie als Magd über den Hof trampeln ließ oder sie zart und zerbrechlich wunderschön machte.«

Die Usch kam fast aufgelöst und im letzten Moment zur Beerdigung, weil sie in der ganzen Umgebung keinen Parkplatz gefunden hatte. Sie konnte nicht einmal genau sagen, wo sie das Auto doch noch abgestellt hatte. Wir gingen zusammen bis zum Grab in der Erde, in der unsere Freundin zur letzten Ruhe gebettet wurde. Wie immer die Wege und Irrwege von Peter und Helga Edel gewesen sein mögen, man konnte nun glauben, dass sie nebeneinander in einem Ehrengrab liegen.

Dann fuhr Laura die Usch zu ihrem Auto, und die war, wie wir Weiber so sind, herzlich dankbar, dass ihr die Sucherei erspart blieb. Mit der Versicherung, wir würden uns anrufen und sehen und wieder mal reden, haben wir uns verabschiedet. Nein, eingehalten haben wir diese Beteuerungen nicht. Aber ich kann sie ja sehn, in der Krankenhausserie, und ich hab sie auch gesehen als wunderbare Mutter in *Hase Hase*.

Ihr Weg ist mir nur allzu verständlich. Ihre Triumphe habe ich zum großen Teil erlebt. Ich habe auch vom Applaus unter ihrem Hotelfenster beim Gastspiel in Paris gelesen. Für ihre Elsa. Weitaus weniger kann ich verstehen, dass auch sie heutigen Tages unterfordert wird, dass niemand eine Rolle für sie schreibt, in der sie noch einmal großartig sein dürfte.

Sie wurde gegen Ende des Krieges geboren. Von schwerer Kindheit war nie die Rede, aus Gesprächen blieb in Erinnerungen die Erwähnung eines Bruders, der ihre Fotos sammelt. Und wie liebevoll sie von den Eltern spricht.

Eines Tages kam sie nach Berlin, bestand die gefürchtete und herbeigesehnte Aufnahmeprüfung, besuchte die Schauspielschule und bekam ein Engagement an der Volksbühne. Das klingt sehr normal und nicht bedeutend. Am Deutschen Theater spielte sie große Rollen. In einer Zeit, in der das Haus eine neue Blüte erlebte. Entgegen der Theorie, dass die europäische Theaterkunst sich gerade in einem unaufhaltsamen Niedergang befindet. Nicht etwa nur durch sie, aber auch durch sie, gab es berühmte Inszenierungen. Sie spielte, und das macht es ja nicht leichter, in einer Reihe mit Schauspielern, deren Qualität und Ruhm ihr keine besonders lange Zeit für ein stotterndes Debüt erlaubte. Man muss

Rolf Ludwig nennen, Eberhard Esche, Reimar Joh. Baur, Dieter Franke, Friedo Solter, Klaus Piontek, von den Kolleginnen ganz zu schweigen.

Mit Ursula Karusseit kamen nach den »Jungen« die »Jüngeren«, Kontinuität wurde sichtbar, der Nachwuchs trat auf, reihte sich ein. Hans-Dieter Schütt hat über sie geschrieben: »Das hohe Institut des Theaters ist angewiesen auf jene, die sein stetes altes Wesen tapfer und traditionsbewusst behaupten, zugleich aber auch die Stunde seiner Veränderung mit der Witterung des Künstlers erfassen.« Im gemeinsamen Buch hat die Karusseit sich auf Schütt als Autor verlassen, wie er sich auf sie. Und das war sicher nicht ganz einfach, denn sie sind zwei unterschiedliche, sehr fertige Persönlichkeiten. Sie versuchen Nähe, die aber beiden nur als Annäherung möglich ist. Er als Kopfmensch, sie als jemand, der den Intellekt aus großen Gefühlen entwickeln kann, mussten sie beide ohne jegliche Besserwisserei einfach reden Er mag sie, das ist zu spüren und zu lesen, hat auch Respekt vor ihr als großer Schauspielerin, aber er lässt sie vor allem erzählen. Er gesteht ihr zu, ihre Erinnerungen zu verteidigen, lässt sie auf der Hut sein, auch vor ihm, denn sie wittert sofort, wenn etwas angetastet wird, womit sie zurechtgekommen ist. Mir gefällt, wie sie sich da zunehmend öffnet, und das erinnert mich wieder an jene wunderbare Rolle in *Wege übers Land*. Wie da im Lauf der von ihr nicht beeinflussbaren Geschichte, Historie und Lebenslauf, ein Mensch sich des Eigenen bewusst werden muss. Das ist wunderbar, und reich gespielt. Sie kann es. Sie steht da an der offenen Viehwagentür, hat nichts zur Verfügung als ihre Arme und ihr Herz und lässt sich von der Gefangenen das Kind reichen, um es zu retten, birgt es, umhüllt es wie mit der eigenen Haut und der Wärme des Herzens, trägt es davon, biblisch stark, eine Frau wie ein Felsen. Das im Film so vielfach verletzte Weib, das Kompromisse eingehen musste, bis es fast älter war als nur erwachsen. Sie hat uns an den Fernseher gefesselt, uns Gedanken ergänzt und zu Tränen gezwungen.

Zwischen ihr und Schütt gerät es zu einem kostbaren Fluss, der viel Lebendiges und einiges Versunkene trägt. Da ist das wandelbare Weib, wie ohne Trauer. Sie bejaht alles Gewesene und hält alles Kommende für möglich. Sie trauert nicht hinterher, schätzt das Mögliche nicht gering, nur weil sie Unerreichbares erträumt. So war sie schon immer. Eine, die vielleicht in der Garderobe nach nix Besonderem aussieht, keine, der man Schönheit wegschminken musste, damit sie für ein Stück von Hacks die Rote Rosa als herrlichen Trampel geben konnte. Für nur neun Vorstellungen. Unter der hässlichen Verkleidung ließ sie in der Rolle eine Frau atmen, die sehnsüchtig ist und sinnlich sein könnte. Das Stück wurde verboten. Gott weiß warum. Ich habe in der Premiere keinen Anlass geahnt.

Im Leben ist die Karusseit vordergründig uneitel. Sie wohnt auf dem Land, in der Mark Brandenburg, beneidenswert, und macht wenig von sich daher. Ich lasse aber offen, dass gute Schauspieler ihre Dämonen haben, haben müssen, auch wenn sie die leugnen möchten. Wie sollten sie mit dumpfer Seele ertragen können, was ihnen das Stück und ihre Rolle vorgeben? Den eigenen Tod, die eigene Niederlage oder einen unglaublichen Triumph, den sie im Leben nie erleben werden?

Helmut Sakowski hat ihr gehuldigt: »Sie ist jung und alt. / Sie ist schön und hässlich. / Sie ist traurig und hässlich. / Sie geht wie eine Königin über den Hof. / Und sie latscht übers Feld. / Und sie kann es sich leisten, ganz einfach zu sein.«

Matthias Brenner hat öffentlich überlegt: »Ich stimme allen Auslegungen über sie zu und erlaube mir nur den Gedanken, was wohl wäre, ließe man diese große Schauspielerin all jene Rollen spielen, die jetzt aus der dramatischen Weltliteratur für sie dran wären.« Ein kleiner trauriger Gedanke, der von Liebe und Dankbarkeit spricht. Dass er niemanden auf den Plan rufen wird, der sie daraufhin mit einer jener klassischen Rolle herausfordert, mit der auch ich sie gern auf der Bühne sähe, ist außer Frage.

Ich wehre mich immer, wenn mir jemand bedauernd erzählt, die Usch spiele in der *Sachsenklinik* eine Wurzen. Vielleicht war im Drehbuch die »Charlotte« so gedacht, aber im Spiel der Karusseit ist es eine glaubwürdige Figur, und ich beobachte mit Vergnügen, wie sie noch die Brötchen zu Mitspielern macht. Ach, vielleicht ist es ja ein zu anspruchsvoller Gedanke. Man müsste sie Neues aus dem Fundus des Alten spielen lassen. Wenn wir abstimmen könnten, was wir im Fernsehen gern noch einmal erleben möchten, die Wege übers Land sind wegen der Karusseit eine große Erinnerung.

Zeit, wieder einmal miteinander zu sprechen.

Und wer war Kleopatra?

Über die hätte ich vielleicht nie nachgedacht. Aber da kam aus Hollywood ein Film, den ich mehr aus Zufall sehen musste. Über Kleopatra habe ich nichts erfahren, was nicht meinen Verdacht genährt hätte, dass sie vielleicht doch eine ausgedachte Person ist. Man sah eigentlich nur Liz Taylor: einen Star mit katzenhafter Geschmeidigkeit, tiefstem Dekolleté und teuersten Gewändern. Zum Bild von Kleopatra gehört, dass sie das ägyptische Volk hungern ließ, während sie mal eben eine unschätzbare Perle in Wein auflöste und trank.

Schlagen wir unsere heutigen Rechtsbegriffe nach, dann beging Kleopatra Verbrechen. Aber schon als Kind war sie Zeugin von Bluttaten: Ihr Vater brachte die älteste Schwester um, ihre Mutter wurde ermordet – was Wunder, dass sie später mit fast naiver Selbstverständlichkeit ihre jüngste Schwester töten ließ; von der sie sicher wusste, dass sie selber nicht lebend entkommen würde, wenn die andere die Macht zum Töten besessen hätte. Aber am stärksten hasste Kleopatra die Feindesstadt Rom, solange sie lebte. Ihr Verstand war scharf, und sie besaß eine fast männliche Begabung für Taktik und Strategie. Außerdem war sie hoch gebildet, und ihre Liebe zur Kultur war tief und echt.

Diese Frau nun entschied sich für eine Kampfart gegen Rom, die folgerichtig zur Todfeindschaft führen musste: Sie wurde die Geliebte Cäsars. Er kam als römischer Sieger in ihr Land und verließ es als Unterlegener. Auch in Rom vermochte er sich nicht von ihr zu lösen und rief sie endlich zu sich. Sie kam mit großem Gefolge und einem kleinen Sohn namens Cäsarion.

Während sie in Rom, angefeindet und gehasst, betont bescheidenen Hof hielt und sich ebenso betont nicht in den Vordergrund drängte, verfolgte sie über Cäsar ihre ehrgeizigen Ziele. Sie glaubte sich ihnen ganz nahe. Aber da wurde Cäsar ermordet, und sein Testament wies nicht einmal Kleopatras Namen auf. Sie verließ Rom und wusste: an eine Niederlage Roms und ein eigenes Weltreich war nicht zu denken.

Die römische Legende hat aus ihr eine Hure und ein verbrecherisches Weib gemacht, und sie war den billigsten Verleumdungen ausgesetzt. Dabei soll es keinen historischen Beweis dafür geben, dass Kleopatra – im Gegensatz zu den Gepflogenheiten der damaligen Römerinnen – außer während der beiden größten Begegnungen ihres Lebens jemals intime Beziehungen zu

Männern hatte. Sie brachte ihre Weiblichkeit zweimal als höchsten Einsatz ins Spiel. Ehe sie sich aber Marcus Antonius zuwandte, wusste sie schon mehr über ihn, als ihm lieb sein konnte. Er war weichlich und labil geworden, längst nicht mehr der große Staatsmann. Kleopatra erlag er am ersten Tage und beim ersten Sehen, das von ihr wirkungsvoll inszeniert wurde. Bis zu seinem Tode kam er nicht wieder von ihr los.

Die überlieferten Bildwerke zeigen uns nur ihr Gesicht, nicht ihren Charme, ihre Einfühlsamkeit und ihren Geist. Noch einmal setzte sie alles ein, um Rom zu schlagen. So wurde aus dem großen Römer Marcus Antonius ein Widersacher seines eigenen Landes. Sie war die stärkere Natur und der bessere Feldherr, aber ihre strategischen Pläne wurden immer wieder von Feinden im eigenen Lager vereitelt. So konnte sie in einer großen Seeschlacht mit Mühe ihre eigenen Schiffe und ihr Leben retten, während Antonius' Flotte geschlagen wurde. Der Tod war nicht mehr aufzuhalten. Durch eine List brachte sie Antonius dazu, sich in sein Schwert zu stürzen. Er starb in ihren Armen. Ihr großer Feind Octavian wollte Kleopatra im Triumphzug durch Rom schleifen. Auch ihn überlistete sie durch ihren Selbstmord.

Ihr Grab ist nie gefunden worden. Die verächtlichen Spottverse der zeitgenössischen Dichter und die tendenziösen Darstellungen der Historiker ihrer Zeit sind längst eingeordnet. Trotz der Fülle des Materials gibt es nur wenig Literatur über diese Frau. Meist werden in der nur Vorfälle behandelt. Selten dringen die Autoren bis zu Ursachen und Wirkungen vor. In seiner Komödie »Cäsar und Cleopatra« ignoriert Shaw die historischen Begebenheiten bewusst. Er zeigt Cäsar als faszinierende, reife Persönlichkeit, die sich ihrer Fähigkeiten jedoch fast widerwillig bedient. Und Kleopatra ist ein kindhaftes animalisches Weib mit hellem Verstand, das sich zum Geschöpf machen lässt, um alles zu lernen, was man als Königin braucht. Bei Shaw gibt es zwischen beiden nur einen unverbindlichen Flirt, nichts von der großen Entflammtheit, die doch sicher die Voraussetzung für diesen Liebesbund war. Cäsar darf weise sein und so rechtzeitig gehen, dass er gerade noch ein wenig Trauer zurücklässt. Ganz anders bei Shakespeare, der in seinem Trauerspiel »Antonius und Cleopatra« wohl die tiefste Durchdringung der Persönlichkeit Kleopatras gestaltet hat. Shakespeare leugnet weder ihre Skrupellosigkeit noch ihren überdurchschnittlichen Ehrgeiz, nicht einmal die ihr unterstellte Kälte. Er behauptet auch nicht, dass sie sich Antonius aus reiner Liebe gegeben habe. Aber er zeigt sie doch als die große Gegenspielerin und gesteht ihr Leidenschaft und Kraft zu. Im Angesicht ihres Todes lässt er sie sogar emporwachsen zu einer erschütternden Haltung, in der, neben aller Schuld, auch Größe und Tragik sichtbar werden. Er zeigt die Todesstunde von zwei Menschen, die sich in hassvoller Zuneigung besitzen und zerstören. Und im letzten Augenblick ist es Liebe, die sie für den Sterbenden empfindet. Ob es so war? Die französische Dichterin Louise Labé bat für sich: »Schwestern, werft meinen Namen nicht den Hunden hin …« Wohin gehört der Name Kleopatras? In den Staub und zu den Sternen – wenn es so etwas gibt.

Es fehlt mir an der dafür nötigen Bildung, wie Kenntnis der Sprache, Vorbildung, um Fakten aus der bisherigen Einordnung zu lösen und sie neu zu ordnen, aber vielleicht wird sich ja noch einmal jemand daran machen, ihren Spuren nachzugehen.

Ich möchte, dass es den Frauen gut geht. Dass sie zu sich selber finden und daraus einen Anspruch an das Leben ableiten. Das braucht allemal mehr Mut, als wir gerade parat haben. Aber es ist keine Illusion, es ist keine Überforderung der menschlichen Geschichte. Die in den USA vom höchsten Gericht von der Anklage des Mordes freigesprochene heutige Professorin an einer amerikanischen Universität habe ich zweimal in meinem Leben treffen können. Beim ersten Mal dachte ich, dass Angela die schönste Frau ist, die ich je gesehen habe, und als wir uns beim Abschied umarmten, fühlte ich mich gut. Mich bezauberte ihre Schönheit und mich beeindruckte, wie klug sie war, welche Wärme von ihr ausging, und ich bewunderte ihre leise Unbedingtheit, mit der sie gar nichts forderte und einfach nur vorlebte, wie auf den Weg geschickt. Und selber? Ein bisschen besonnener, dachte ich damals, sollte ich wohl werden, ein bisschen unbedingter, etwas weniger benutzbar, dafür klarer im Kopf – nicht alles für möglich halten, aber das Unmögliche nicht abtun für immer, sondern erst einmal zurückstellen, weil nicht alles und nicht gleich geht.

Ich begriff, dass Angela wirklich unschuldig war. Nicht, weil sie das ihr Vorgeworfene nicht getan hatte. Es hätte ja sein können, sie konnten ihr die Taten nur nicht nachweisen. Nein, Angela Davis hatte es nicht getan, weil sie es nicht getan hätte. Sie hätte nicht so und nie abenteuerlich gehandelt, nie halbkriminell, nicht so absehbar gefährlich. Nicht anders sieht sie auch mein Kollege Klaus Steiniger, der sie während des Prozesses als einziger Journalist aus der DDR beobachten konnte und später, als Freund, von ihr besucht wurde. Er hat ein Buch darüber geschrieben. Ein Buch über sie, seinen Respekt und seine tiefe Zuneigung. Sie war aber damals schon klüger, reifer als die Männer, mit denen sie nicht erreicht hätte, was sie wollte: ein anderes Amerika, damals unerreichbar wie ein anderer Erdball. Nun ist das, nach kurzem Aufflammen einer Hoffnung, schon wieder reaktionärer Macht unterlegen.

Aber Angela hat mir, auch sie hat mir gezeigt, dass Herkunft weniger wiegt als die Absicht auf Zukunft.

EINES BESONDERS SCHÖNEN TAGES

....

… in der Mitte der achtziger Jahre lud mich die Intendantin des *Theaters im Palast* als Autorin zu einem Gespräch. Sie brauchte Monologe für einen Abend mit Schauspielern. Mein Monolog für Jens-Uwe Bogadtke war eine interessante Herausforderung. Aus ihr wurde weitere Zusammenarbeit.

So fragte mich Vera Oelschlegel, ob ich nicht dem kleinen Ensemble des *TIP* das Manuskript für einen literarischen Abend liefern wolle. Neue Liedertexte gingen zu Komponisten, den Monolog einer nachdenklichen Frau in den Dreißigern nahm sich Vera, und da ich wusste, für wen ich zu schreiben habe, konnte ich auch alle füttern: mit Dialogen, Monologen und Liedern.

Einen besonderen Spaß sah ich darin, den Schauspielern einen Freibrief zu geben: Sie sollten mir in jeder Aufführung eine von ihnen ausgetüftelte Frage stellen, die ich glaubwürdig beantworten musste. Ob nun meine Erfahrung für die Antwort ausreichte, oder zum Vergnügen des Publikums manchmal auch nicht.

Da ich es den Schauspielern mit meinen Texten nicht ganz einfach gemacht hatte und sie erst bei den Proben die Fallen bemerkten, die ich ihrem Reichtum an Ausdruck gestellt hatte, rächten sie sich liebevoll mit der kollektiv ausgetüftelten öffentlichen Frage. Das Publikum lachte und rutschte auf dem Stuhl nach vorn, um genau zu lauschen. Sie glaubten uns den ausgewiesenen Gag. Erstaunlich für mich selber, dass ich in Erwartung dieses Augenblicks nicht aufgeregt war. Ich habe mich nicht aufgespielt, sondern versuchte, ganz ehrlich zu sein, auch dort, wo ich in Teilen der Antwort bekennen musste, dass ich etwas auch nicht besser wusste. Es ging meistens um das Leben in der DDR, auch um Probleme, die von Wunschdenken sprachen. Aber vor allem um die Sehnsüchte der Jüngeren, um Lebensentwürfe, um Moral und um Glück. Wie das in der DDR so üblich war, gab es nur ausverkaufte Veranstaltungen, und die Wartelisten reichten bis zu einem Jahr voraus. Da kamen Brigaden von Frauen, die sich für ihr Brigadetagebuch diesen Abend gewünscht hatten, und am nächsten Tag wieder arbeiten mussten. Wir haben uns hinter der Bühne nach der Veranstaltung getroffen, und sie hatten immer einen Schluck aus mitgebrachter Weinpulle zum Anbieten. Leicht beschwingt stiegen sie also in ihren Zug, und ich ging nach Hause, unter dunklen Bäumen, und habe mehr über diese Frauen nachgedacht als über den gelungenen Abend.

Später wurde mir manchmal von Zuschauern erzählt, dass sie vor allem wegen des zu erwartenden Dialogs gekommen wären, und wollten sich bestätigen lassen, dass es sich nicht um eine inszenierte, also scheinbare Spontanität handelte. Uns wurde nachträglich Courage bescheinigt, aber es handelte sich doch um Themen, die aufs Glatteis mussten. Für mich hatte ich einen Monolog geschrieben, in dem ich, erfahren genug, meine Gedanken zu wichtigen, aber im Alltag oft zur Seite geschobenen Fragen äußerte. Ich begann mit dem fragwürdigen Satz: »Es gibt keine Einsamkeit bei uns; Einsamkeit ist in unserer Gesellschaft nicht vorgesehen.« Ja, und dann konnte ich eine ganze Weile darüber reden, woraus Einsamkeit entstehen kann und was alles einsam macht, zum Beispiel in der Liebe, und im Alltag, auch »bei uns«. Ich sagte: »Wenn du dich in einer Liebe nicht mehr traust, dich zu deinem Geschmack, deinen Lüsten und Gelüsten und deinen Abneigungen zu bekennen, wenn du bei Abfrage feige ausweichst, weil du zu müde bist, an einem Berg zu rütteln, dann wirst du einsam.« Das war sicher ein Grund, nachzudenken. Aber auch: »Ich habe in mir Platz gehabt für grandiosen Unfug: die sozialistische Menschengemeinschaft, per Verlautbarung, zum Beispiel. Oder den Sturm auf die Höhen der Kultur. Den gibt es nicht. Ich weiß auch nicht, warum es ihn geben sollte, diesen Sturm. Auf eine Höhe, wo Beethoven, Goethe, Mozart, Schiller und vielleicht noch Lessing und Tschaikowski herumstehen. Ich gehör da nicht rauf und du auch nicht. Oder: dass wir erst morgen leben wollen, wie wir heute schon arbeiten? So ist der Mensch nicht. Der Mensch möchte heute schon so leben, wie er heute gearbeitet hat. Und: Wir wollten vieles in nie dagewesen kurzer Zeit. Wir konnten es nicht. Da haben wir so getan, als hätten wir gekonnt. Auch das macht einsam. Es besser wissen, wollen und nicht können.«

Eines Abends redete die sonst so souveräne Vera vor der Veranstaltung ein bisschen herum. Vielleicht nur, um mich zu schützen. Aber ich wollte meinen Monolog ungekürzt halten – obwohl, und das war der Grund für das Rumreden der Intendantin – obwohl Micha Wolf an jenem Abend im Publikum saß. Wie ich angenommen hatte, passierte nichts.

Eine Epoche später signierte Micha Wolf auf dem Alexanderplatz beim Buchbasar sein eben erschienenes Buch. Ich war seine Ablösung und beobachtete die lange Schlange derer, die sein Buch und seine Unterschrift wollten. Micha Wolf sah mich, unterbrach und meinte: »Ich bin gleich fertig und mache dir Platz.« Ich beschwichtigte ihn, denn ich wollte nicht, dass auch nur einer der Wartenden weggeschickt wird.

Ich hatte Micha Wolf vorher nie gesehen, wir hatten nie miteinander gesprochen. Nun gaben wir uns die Hand. Er sagte: »Ich war mal im *TIP,* da hast du so einen langen Text gesprochen, den fand ich interessant. Den hätte ich gern gehabt.« – »Ja und? Das hättest du doch nur sagen müssen, dann hättest du ihn gekriegt. Natürlich erst nach der Vorstellung.« Er guckte mir nachdenklich in die Augen. Und dann sagte er: »Ja? Das hätte ich nur sagen müssen? Kannst du dir vorstellen, wie das gewirkt hätte, wenn ich nach der Veranstaltung sage, ich möchte den Text von der Steineckert haben?« Ja, das konnte ich mir vorstellen.

Am 19. September 1990 um 19 Uhr hatte ich die Ehre, mit Angelika Neutschel und Musikern die letzte Veranstaltung im *TIP* zu geben. Hinter uns schlossen sich die Türen, aber es war noch einmal ausverkauft, und einige Kollegen kamen freundschaftlich zu Hilfe. Ich wusste, dass wir sehr traurig sein würden. Deswegen habe ich am Nachmittag meinen ersten »Ehedialog« geschrieben. Das *TIP* war ein kleines Theater, eigentlich nur ein Treppenabsatz. Ich durfte aber dort innerhalb von fünf Jahren drei verschiedene Programme auf die Bühne bringen und mitspielen. Dieses kleine Steinchen in meinem Lebensfonds glitzert beim Hinsehen noch immer.

Naja, wer die Unschuld verliert, hat die Erfahrung gewonnen. Sage ich, und sehe von meinem Balkon aus, dass es den Palast der Republik und damit das *TIP* nicht mehr gibt.

WIR HERZENSBÜRGER

Du bist nicht schuld, und ich kann auch nichts dafür.

Aber die Toten sind nicht »niemals gefallen«.

Der Junge starb am ersten Tag des Großen Vaterländischen Krieges. Er liegt unterm Birkenkreuz, und den Wein des Sieges trank er nie.

Teddy und Rosa hatten keine neue Lebenszeit, nur weil wir beim Singen so tun. »Reichen wir die Hand« – wohin denn? Zu unserem Trost oder zum Ruhm der Nation?

Lass mich schlafen, Bruder Nacht! Das wird nix. Der Schlaf will sich nicht einstellen, die Bilder brennen in den Augen, treiben die Gedanken, wecken Erinnerung und Befürchtung.

Was da vor uns liegt, zwingt zur Zusammenarbeit, zu einem Reichtum an Ideen und viel mehr Anstrengung, als wir noch eben gerade übrig hatten. Ob es gedeiht, wissen wir nicht. Es wird eine neue Erfahrung, und vielleicht erzwingt sie ja ein Ende der unerträglichen Mittelmäßigkeit, die uns »unsere« Politiker vorführen. Wir werden uns fühlen wie die letzten Deppen oder über unsere Beschränktheit siegen. Die gibt es, o ja. Wie peinlich, wenn Menschen freiwillig erste Hilfe leisten, und in der Zeitung wird das sofort zur Willkommenskultur erhoben.

Du willst nichts falsch machen, sagst du. Was irgendwo entschieden wurde, daran hattest du keinen Anteil. Die Gnade der späten Geburt entlässt uns aber nicht aus der Schuld der Unterlassung. Es war schön, auf dem Bahnhof in München zu sehen, wie das Kind nach dem

Kuscheltier griff, wie Wasser und Obst gereicht wurden, wie ganz normale Bürger ihrem Herzen folgten. Aber das Kuscheltier war viel zu groß, um von dem kleinen Kind mitgeschleppt zu werden, und der Applaus beim Eintreffen der Flüchtlinge war so völlig fehl am Platz. Der Augenblick der spontanen Herzlichkeit ist ja auch schon wieder vorbei. Menschen haben Angst vor dem Fremden oder dem, was sie als fremd empfinden.

Eine gescheite Person massiert mich, hört sich meine Gedanken an, äußert dann die ihren.

»Sie werden uns Krankheiten bringen.«

Ich frage: »Welche?«

»Na, zum Beispiel Ebola.«

Ich sage: »Das klingt, als ob Sie auf dem Alex schon das ewige Eis sehen.«

Wir reden, und ich habe es geahnt: sie weiß weder, in welchen afrikanischen Staaten die Epidemie aufgetreten ist, noch, ob zum Beispiel Syrien dazugehört. Aber es ist nicht zu leugnen, dass da etwas in der Luft ist, das hoffen oder besorgt sein lässt.

Meiner Enkelin habe ich erzählt, wie es war, als kindlicher Flüchtling, auf der Flucht vor den Bomben, in eine fremde Sprache und andere Sitten zu geraten. Aber wir haben damals, anders als der junge Mann aus Aleppo, den totalen Krieg durch die Kinderlandverschickung nicht erlebt. Zu dieser schönen Nachricht gehört, dass sie uns ins Sichere räumten, um ihre teuflischen Pläne zu verwirklichen.

Du sagst mir, du weißt nicht, wie du über die Ausschüttung eines ganzen Kontinents auf uns Europäer denken sollst. Was wollen die hier?

Ja, wo wollten sie denn hin, die Ströme der Flüchtlinge aus dem Osten, als der Krieg zu ihnen zurückkehrte. Wohin wollten sie, wenn nicht erst einmal fort aus der Heimat. In Angst vor Vergeltung, vor Hunger und Tod.

Unter ihnen waren Familien, die hießen Grass, Hacks, Bobrowski, Ihlenfeld ... Ihre Kinder wurden Günter, Peter, Johannes und Christa gerufen. Wir kennen sie alle. Die Flüchtlinge wollten dorthin, wo es Rettung gab, Hoffnung und vielleicht in einer neuen Heimat Frieden und Lebenssinn.

Die dritte Generation der später einmal aus Not in Deutschland gelandeten europäischen Flüchtlinge ist inzwischen in allen Bereichen täglicher Arbeit zu finden. Sie sprechen uns als Ansager im Fernsehen an oder behandeln uns als Ärztin, schreiben in Zeitungen, gehören zu Ensembles, sind ganz normale Landsleute.

Soweit ich mich erinnere, sind die Armen unter ihnen aber damals auch nicht eben freundlich aufgenommen worden.

Ach, die Deutschen sind nicht fremdenfeindlich. Das waren sie ja nie. Sie sind armenfeindlich, sie fürchten den Broträuber, den Schmälerer ihres Auskommens.

Unser Boot ist jetzt noch nicht voll, aber es könnte kippeln oder absaufen, wenn es überladen wird. Die Flüchtlinge wollen Essen, Arbeit, Bildung, Schlaf, Familie, Nachkommen, Sicherheit und einen Lebenssinn.

Warum gerade bei uns? Nicht nur bei uns, aber auch. Weil keines der Verbrechen bei ihnen zu Hause je durch den Versuch einer Schlichtung oder Gutmachung geahndet wurde. Die jetzige Generation flüchtet, weil sich in ihrer Heimat nichts ändert. Ihre Lebensgrundlagen, die sie allein nicht klären können, unterliegen noch immer der Ausbeutung, immer noch fremden Zwecken. Öl, Gold, Diamanten, Zugänge für kriegerische Wege, Hunger, Krankheiten und Missbrauch von Religionen lassen auf diesem Erdball wieder eine Generation ohne Chancen leben. So gehen sie, so kommen sie. Solange die Weltgemeinschaft, solange die Nachkommen der Schuldigen und die jetzt Mächtigen nicht helfen, in den Heimatländern der verzweifelt Flüchtenden ein normales Leben zu ermöglichen, solange werden wir uns in all unserer Unbeholfenheit und unserem Egoismus als Europäer mit dem Helfen behelfen müssen. Es bleibt die Frage, was machen wir mit denen? Oder: Wollen wir unsere Arbeitsplätze teilen oder nötige neue schaffen? Kinder brauchen eine ehrliche Chance, um Vorbildung für spätere Ausbildung zu bekommen. Das leisten wir bisher nicht. Nicht einmal für die hier Geborenen. Die Flüchtlinge kommen mit einer Hoffnung, die sich für viele nicht erfüllt. Die Weltgemeinschaft der Menschen hat es bisher immer nur zu blutigen oder ideologischen Auseinandersetzungen gebracht und Fremdheiten vertieft. Das haben die Ureinwohner der Kontinente überlebt, oder auch nicht. Auch wir Deutschen haben unsere Spuren im Wüstensand, in den Regenwäldern und im verlockenden goldenen Boden Afrikas hinterlassen. Die Verantwortung dafür ließe sich teilen, wenn auf diesem Erdball die Interessen des Kapitals endlich weniger wert wären als Heilung von all den Kriegsspuren, all dem Missbrauch, all der Ausbeutung.

Wir tun zu wenig. Du auch. Und ich. Zu wenig, um dringend zu Veränderndes wirklich zu bewegen. Das Wort »Willkommen« bleibt auch mir im Hals stecken.

Wohin kommst du wohin gehst du
grenzenlos allein
wohin mit dir auf diesem andern Erdenteil
noch ist deine Erwartung beinahe heil
aber du bist nicht ihresgleichen
du wirst ihnen nicht reichen
sie leben hier auch nicht aus dem Volln
aber sie werden dich nicht wolln …

Bei diesem Text ist mir ein Fehler unterlaufen. Ich hielt mich raus und hatte mich auf das Podest der großen Urteilenden gestellt. Als ich das bemerkte, war es eine unangenehme Entdeckung. Tief verwurzelte Vorurteile haben wir alle. Dass man anders reagiert, heißt nicht immer, dass man anders denkt. Man achte auf sich. Ich jedenfalls habe mich auf diese Weise wieder einmal ertappt.

IM GEISTE

Er interessiert mich, er fasziniert mich, und ich habe Angst um ihn. Drei Grasspitzen Hoffnung ... Dagegen steht: sein Vorgänger im Amt des Priesters wurde vor dem Altar erschossen.

Dieser hat sich in seiner Heimat nicht irgendwie für die Armen interessiert, sondern mitten im Volk gelebt und gewusst, wie es den Menschen geht.

Nun ist er Papst. Jedes Mal, wenn ich ihn auf dem Bildschirm vor einer riesigen Menschenmenge sehe, habe ich Angst, dass ihn eine Kugel trifft. Gab es nicht einen Vorgänger, der Reformabsichten äußerte und wenig später tot war? Vielleicht durch eine vergiftete Speise oder eine andere unauffällige Beseitigungsart, deren sich die katholische Kirche immer zu bedienen wusste.

Nun hat sich, vor Papst Franziskus, ein starrsinniger alter Mann zur Ruhe gesetzt. Dessen öffentlich gezeigter Segen war keiner. Die Menge auf dem weiten Platz in Rom, oder die Ärmsten, wenn er sie besuchte, nahmen seine Gesten, aber es blieb nur Zeremonie, war niemals Lebenshilfe, war keine Erleichterung.

Die katholische Kirche ist glaubensfest – und bisher sehr erfahren darin, sich alles vom Hals zu halten, was die Dogmen infrage stellen könnte.
Mit ihrer eigenen Geschichte gehen viele ihrer Vertreter um, als sei sie nur ruhmreich. Trotz der Hexenverbrennungen, trotz der frühen lebensvernichtenden Ausschlüsse von der Kanzel, trotz feindlicher Vorschriften wider die menschliche Natur; wider alle Erfahrung, wie Menschen miteinander umgehen sollten.

Jedem seinen eigenen Gott
aber ich will Götter ohne Steinigung
ohne Rasierklinge im Kinderschoß
Götter will ich ohne Blutrausch, Blutrache
ohne Verbot von Lust und Leben
nach eignem Talent, Mann wie Frau
Götter will ich, die ihren Dienern nicht erlauben
das Irdische zu horten in unüberschaubarem Reichtum
während sie uns ermahnen, hinzunehmen
was immer uns zugefügt wird von ganz oben
und aller Hierarchie, es anzunehmen
als Auferlegung, der Herrliches folgen wird
sobald wir erst tot sein werden

wir sind großartig
strotzen vor Lust und Einsicht
könnten das Feuer Prometheus gleich
noch einmal auf die Erde bringen
aber wem dort sollten wir es übergeben
der es nicht sofort teuer verhökert
wie sollten wir verhindern, dass er zündelt
wir müssen aufhören, alles zu machen
nur weil wir es können
die Erde ist so klein geworden
da läßt es sich nur als Nachbar leben
dann jeder mit seinem eigenen Gott
den er zu Liebe und Vernunft erziehen muss

Warum ich diesen Angriff aufgeschrieben habe? Nicht, weil ich selber in katholischer Familie geboren wurde. Die hat wenig Gebrauch davon gemacht und mindestens acht von den zehn Geboten unausgesetzt missachtet.

Es war auch nicht, weil ich dann in tiefgläubiger Umwelt erfuhr, dass der Weg in die katholische Kirche den Soldatenfrauen ein wenig Erleichterung brachte, wenn sie weinend in der Bank saßen, sich in die Zeremonien einbinden ließen und alle Hoffnung in ihre Blicke nach vorn zur Kanzel legten. Wohl am innigsten zu Maria, zur schmerzerfahrenen Mutter. Als könnte Inbrunst abwenden, was den Frauen drohte.

Mich hat damals die Ohrenbeichte abgestoßen. Wir Mädels aus der Volksschule haben uns immer die Sünden aufgeteilt, damit jede von uns dem Pfarrer etwas ins Ohr flüstern konnte. Die eine hatte den Feiertag missachtet, die andere gab zu, dass sie den Namen Gottes missbraucht hatte, und ich erinnere mich, dass ich mir sehr albern vorkam, als ich gestand, sündige Gedanken gehabt zu haben, worunter ich mir damals allenfalls vorstellen konnte, dass ich den Vorsatz, zu naschen, auch tatsächlich in die Tat umgesetzt hatte. Aber ich dachte auch: Was geht den das eigentlich an?

Eine Erschütterung dieser Kühle erfuhr ich durch den alten Katecheten, der in der Schule Religionsunterricht gab. Er war lang und dünn, ein ausgemergelter Asket. In der kleinen Schlosskirche in Wildenau durfte er sonntags früh die Mette abhalten. Dazu legte er in jeder Jahreszeit die vier Kilometer eilig zu Fuß zurück. Ich hörte erst später, dass er das immer mit nüchternem Magen getan hatte. Auch einem Gebot zufolge, dessen Sinn sich nicht erschloss. Das ging so lange gut, bis er eines Sonntags früh um sieben auf der Kanzel zusammenbrach und hinter dem Pult verschwand. Wir drängelten uns am Fuß der Treppe, um zu erfahren, was aus ihm geworden war. Sein Körper schien aus der Kleidung verschwunden. Wirklich, da oben lag nur ein langer, dünner Mantel. Vorher hatten wir ihn, den wir grundlos nicht leiden konnten, nach Kräften zu ärgern gewusst. Bei seinem Eintritt in die Klasse standen wir ordentlich auf, und wenn er den Einsatz gab, begannen wir das Vaterunser laut zu beten. Einige von uns fingen nach den ersten

Sätzen wieder von vorn an, und es ergab sich jedes Mal ein solches Durcheinander, dass er uns befahl uns zu setzen. Er riss die Jungen an den kurzen Haaren hinter den Ohren, und manchmal drehte er den Mädchen ihre Ohrmuschel um. Aber bis heute kann ich nicht vergessen, was ich als Einziges über diesen Mann erfahren habe: er sammelte von seiner Lebensmittelkarte Butter und Zucker, um seinen Schülern bei ihrer Konfirmation immer einen kleinen Kuchen zu schenken. Darum war er so dürr, so ausgemergelt. Ja, es tut mir leid.

Aber die katholische Kirche konnte nicht mit mir rechnen, weil ihre Regeln, ihre Verdikte niemals die meinen wurden. Ich dachte oft, irgendwann werden sie so viele ihrer vorher Gläubigen verlieren, dass Reformen unausweichlich werden. Aber wiederum gibt es auf dieser Erde zu viele Menschen, die fast ohne Hoffnung auf eine Verbesserung ihrer erbärmlichen Lebensumstände hausen. Man hat nicht das Recht, ihnen ihre Liebe zu Maria und zu Jesus anzutasten. Darum geht es auch nicht. Maria soll die anbetungswürdige Mutter bleiben, Jesus ein Vorbild für einen, der getan hat, was er tun musste. In den Umgang mit einem Gott hat man sich nur dann einzumischen, wenn auch dieses Licht missbraucht wird.

Die Päpste in langer Abfolge haben an keiner Säule ihrer Macht über die Seelen der Menschen gerüttelt oder rütteln lassen. Nun kommt einer, der zwar nicht alles auf einmal in Bewegung zu setzen sucht, der aber in den Herzschritt der Menschen und mit Bedacht Rat und Hoffnung einfließen lässt; etwas vorschlägt, was vor ihm undenkbar schien.

Wenn man genau hinhört, redet er über Scheidungen, über das Keuschheitsgelübde, über alle Arten von Segen und über das menschliche Maß für Enthaltung oder Vernunft. Er ist erfahren genug, zu wissen, wie fest verankert die bisherigen Normen sind. Ich denke, er weiß auch, wie gefährlich jeder Auftritt für ihn ist. Und er ist so wunderbar natürlich. Wenn sich da ein kleiner Junge auf seinen bedeutenden Stuhl setzt und ihm nicht von der Seite weicht, dann geht er damit genauso ungezwungen um, wie mit der Erteilung des Segens. Es gibt sogar ein Foto von ihm, da lacht er, er lacht wie jeder andere Mensch, und ich glaube ihm, dass er das Gewaltige riskiert: an diesen reichen und mächtigen Vatikan ein paar beunruhigende Hände zu legen. Und ich könnte mir denken, dass dann ein Gang in die Kirche, zur Weihnachtsmette oder zu einem sonntäglichen geistlichen Zuspruch möglich wäre. Wahrscheinlich wünsche ich mir das sogar.

Die katholische Kirche hat unter ihren Regeln die ganz sonderbare, dass dir auch ein Mord vergeben wird, wenn du ihn nur zugibst. Das lässt sich schwer leben, bringt Gewissenskonflikte – und kaum eine Lösung. An anderer Stelle war diese Institution weitaus eherner. Ihre Vertreter haben auch mit Hitler verhandelt. Sicher war es ein Versuch, Menschen zu retten, aber wohl nicht dringend genug. In Ungarn gab es Anzeichen von Hilfe, aber am Ende wurden die Juden vor der Deportation doch nicht bewahrt.

Ich erinnere mich auch an den unseligen Spruch auf dem Koppelschloss, der behauptete, dass Gott ausgerechnet die eigenen kriegerischen Untaten schützt.

Der Jude Peter Edel wollte seine junge Ehefrau Esther in den Schutz eines Klosters bringen. Er sprach mit Mönchen und Nonnen, wartete zunehmend verzweifelt. Obwohl es anderen Ortes solche einzelnen Beispiele von Lebensrettung gegeben hat, starb Esther in Auschwitz an medizinischen Experimenten, die Mengele an ihr vornahm.

Die katholische Kirche hat sich in der Nazizeit vor einer klaren antifaschistischen Haltung gedrückt. Es blieb dem einzelnen Pfarrer im Hirtenbrief, in der Predigt oder bei den zum Tode Verurteilten in der Zelle überlassen, durch heimliche Überbringung letzter Nachrichten für die Angehörigen das eigene Leben zu riskieren.

Es gab solche außergewöhnlichen Menschen. Es gab den Pfarrer Kolbe, der für einen anderen zum Sterben ging.

Franziskus, der jetzige Papst, scheint eine Persönlichkeit zu sein, mit der die Kirche zu ihrer eigentlichen Aufgabe reifen könnte, dem Menschen ein Helfer zu sein. Möge er sich das Essen schmecken lassen, möge er lange leben.

Ich war bei der Beerdigung jenes Katecheten. Wenn ich einen Grund brauche, beschämt zu sein, tritt er durch meine Tür. Er sieht mich nicht an. Er hat mich nie angesehen. Auch wir haben uns verfehlt.

Meine Ehrfurcht gehört Janusz Korczak. Er hat die ihm anvertrauten Waisenkinder bis in die Gaskammer begleitet. Das war Selbstmord. Und Selbstmord ist für die katholische Kirche eine Todsünde. Korczak hat sie auf sich genommen. Moral lässt sich eben im Leben nicht nur über Gebote regeln. Die Kirche braucht einen Prüfstand für ihre ganze Geschichte, ihre Verdienste und ihre Verbrechen.

Ich hoffe darauf. Sie haben schließlich auch aufgehört, unschuldige Weiber zu verbrennen.

Wenn die katholische Kirche nicht vereinsamen will, wird es höchste Zeit für einen Papst Franziskus. Masel tov. Vsevo dobrovo. Lo mejor. All the best.

BRIEF AN IRMTRAUD MORGNER

Du fehlst mir immer noch. Wenn ich in den Fahrstuhl steige, und er hält in deiner ehemaligen Etage, aber du steigst nicht mehr wie früher ein; immer frisch duftend, immer makellos frisiert und über der Müdigkeit des Tages immer mit einer reizvollen Mischung aus Erwartung und Reife. Wir wohnten im selben Hochhaus, eine ganze Zeit lang, aber wir haben uns nie in der Wohnung der anderen getroffen. Nur wenn wir uns im Fahrstuhl trafen, trennten wir uns ewig nicht, standen im Hausflur herum, gingen in die Ecke und lehnten uns an die Wand oder liefen ein paar Schritte vor die Tür, immer redend, immer zuhörend. Wir hatten vielleicht nie das Bedürfnis, aus glücklichem oder sorgenvollem Umstand die andere auf der Stelle sprechen zu müssen, aber wenn wir uns trafen, konnten wir uns alles sagen. Es hat sich so ergeben, dass ich über einen Teil der Konflikte, die dich damals so stark beschäftigt haben, schon hinaus war. Mein Leben war wie das deine eng von Arbeit besetzt, aber das war jener Teil, über den am wenigsten gesprochen wurde. Die Arbeit, die machte eine jede für sich, und wir wären nicht auf die Idee gekommen, einander etwas vorzulesen oder der anderen ein Manuskript in die Hand zu drücken.

Das war mal anders, aber diese Zeit lag während unserer engen Nachbarschaft weit zurück. Ich erinnere mich an den langen Tisch, an dem wir in der Arbeitsgemeinschaft Junger Autoren des Schriftstellerverbandes saßen. Wir waren fast gleichaltrig und begannen etwa zum selben Zeitpunkt mit dem Schreiben. Schräg gegenüber saß also eine schöne Frau. Ihr Gesicht hätte leicht etwas zu einfach wirken können, wären da nicht diese wunderbaren Augen gewesen. Schwere Augen, mit einer Vielfalt der Blicke, die den jeweiligen Gemütszustand schnell verrieten. Im nächsten Moment hattest du dich wieder ganz in Glätte und Gewalt. Dann erschienen die Züge attraktiv und ruhig. Die zweite verräterische Eigenheit waren die sinnlichen Lippen, die zusammen mit den Augen ganz andere Signale sandten als der Wortschatz. Du warst immer makellos gekleidet, immer beneidenswert elegant. Wie du dir das mit deinem damals doch gewiss nicht üppigen Einkommen leisten konntest, weiß ich nicht. Aber du sahst immer so aus, dass du nach einem Wort meiner Oma »ruhig hättest verunglücken können und ins Krankenhaus müssen«, da wäre nichts zutage gekommen, was du besser nicht angezogen hättest. Nein, ich war nie neidisch auf dich, sondern freute mich, dass du so schöne Beine hattest, immer deine schlanke Taille behieltest, und eine gewisse Unnahbarkeit blieb dir immer zu eigen. Das Einzige, was an dir stören konnte, war der nie überarbeitete breite Dialekt aus Chemnitz. Ob du dich selber auch so gehört hast, das weiß ich nicht. Aber es war der mitgebrachte Klang aus der sächsischen Familie, der proletarischen, und obwohl ich mir denken könnte, dass es der starken Verführung, über die du verfügtest, etwas Abbruch zugefügt hätte, warst du doch immer von attraktiven Männern umworben.

Ohne darüber je zu reden, mochten wir uns. Ich hatte in dir eine der emanzipierten Schwestern, mit denen man sich auf etwas Gemeinsames einlassen wollte, sofern ein sicherer Plan dafür zustande kam. Denn für große Spinnereien hatten wir beide keine Zeit. Und so tauschten wir nicht einmal die Telefonnummern, mochten es aber, bei diesen Treffen im Schriftstellerverband in die Nähe der anderen zu kommen, um zuzuhören oder zu reden. Da war dann wenigstens ein Mensch, auf dessen Interesse sich die andere verlassen konnte.

Dein erstes Buch und dein zweites fand ich nicht lesenswert. Du hattest darin alle Empfehlungen befolgt, etwas über den Aufbau des Sozialismus zu schreiben, was von der Literatur verlangt wurde und nie eingelöst werden konnte. Du wolltest der Arbeiterklasse gerecht werden, und dein Vater sollte stolz auf dich sein, aber so ehrenwert das ist, es ergibt kein Buch. Es war für dich nötig, *Halt auf offener Strecke* zu machen, Papa aussteigen zu lassen und dich von da an aufregend, gut, fantasievoll und ganz aus dir kommend mit deinen eigenen Anliegen und Stoffen zu befassen.

Dass ich dein Vertrauen besaß, merkte ich, als du mich doch einmal angerufen hast und dann bei mir warst. Du suchtest Rat für eine Entscheidung zwischen begründetem Nein und ebenso begründetem Ja für ein Kind. Es wäre für dich keine große Sache gewesen, dich des bereits bestehenden Umstandes zu entledigen. Unser Gespräch, das war noch in meiner Wohnung in der Schönhauser Allee. Das große dunkle zum Hof raus, ein typisches Berliner Zimmer. Auch da warst du makellos beherrscht und schwer zu durchschauen. Ich wollte unbedingt verstehen, was du selber möchtest. Sobald ich das erkenne, dachte ich, werde ich sie dabei unterstützen. So ruhig wie du schienst, warst du nicht. Es war dir auch nicht gleichgültig, dass eine andere Dichterin vom selben Mann eben auch ein Kind erwartete. Damals war es noch nicht üblich, dass eine Frau fast bis an die Grenze des Klimakteriums noch gebären konnte. Und so schien dir dein Alter in der Mitte der Dreißiger genügend Grund, ein Nein sehr genau abzuwägen.

Er wurde dein Sohn Moritz und wahrscheinlich deine uneingeschränkte Liebe.

Eine solche mit einem Partner zu leben, das war unser aller Sehnsucht, eine nach Augenhöhe, nach Ernsthaftigkeit und ein wenig, ein wenig mehr Unterstützung, im Alltag. Ich habe dich mehrmals strahlend glücklich gesehen, weil du endlich den Mann gefunden hattest, der dir denselben Grad an Emanzipation zu bieten schien. Aber es war immer nur Brautzeit, es war immer eine Illusion, und am Ende blieb dir wieder überlassen, was du am wenigsten mochtest: den Haushalt schmeißen, die Kochtöpfe bedienen, in den Schränken für Ordnung sorgen und die Fußböden rein halten.

Genauso bist du in unser Hochhaus vorfreudig eingezogen, und genauso habe ich den Abschwung deiner Begeisterung erlebt. Und dann standen wir doch wieder vor der Haustür herum und redeten über einen ganz anderen Mann mit einer ganz anderen Denkweise, einer, dessen Attraktivität neben glänzender Bildung und beruflicher Leistung in dem festen Willen bestand, dich bei deiner freiberuflichen künstlerischen Tätigkeit ganz selbstverständlich zu unterstützen. Aber so kam es wieder nicht.

Ich würde nicht sagen, dass ich deine besten Bücher geliebt habe. Manches darin machte mir beim Lesen Mühe, und nicht immer war ich bereit, dir auf deinen fantastischen und fantasiereichen Wegen zu folgen. Vielleicht wäre das zwingender gewesen, wäre ich nicht damals mit genau dem beschenkt worden, was dir bis zu Ende vorenthalten blieb: einem Mann, der einen an die Schreibmaschine schickt, in die Küche geht und etwas kocht, der mitdenkt, einwendet und fördert, wie es unter guten Freunden üblich ist, obwohl es sich eben um das Zusammenleben von Mann und Frau handelt. Wenn man endlich freigesetzt wird, mit der Fantasie und dem Blick in die Realität umgehen zu dürfen, dann fällt es leicht, eine Niederlage oder einen Irrtum zu bekennen, sich zu besinnen und sich wieder auf die Füße helfen zu lassen. Ich weiß, dass du dich danach gesehnt hast. Und ich weiß, dass es sich jedes Mal um freiwillige Selbsttäuschung handelte.

Du hast mich eines Nachts angerufen, mich hatte die Nachricht über deine Krankheit schon erreicht, und ich bin erschrocken. Du sagtest beschwichtigend: »Aber ich bin doch dieselbe wie immer. Hör mal ...« Und dann hast du mich um etwas gebeten, das du selber nicht mehr erledigen konntest. Du hattest im Westen einen Preis bekommen und das Geld dafür nicht in die DDR transferiert, sondern es für eine technische Grundausstattung genutzt, für alles, was ein junger Amateurmusiker braucht, um Aufnahmen zu produzieren. Er konnte sich die Sachen nicht in Westberlin abholen. Du hattest dazu nicht mehr die Kraft, und du hattest ja auch nie ein Auto. Ohne ein Fahrzeug war der Transport der Boxen und des Mischpults nicht zu bewältigen. Du sagtest, du seiest beim Versuch der Regelung immer beim Zoll des Ministeriums für Kultur gescheitert. Denn jene Summe, die als Zollgebühr von dir verlangt wird, könntest du nicht bezahlen. Als ich vorsichtig nach deinem Zustand fragte, sagtest du unglaublich gefasst: »Wenn jetzt noch einmal ein Verschluss passiert, dann können die Ärzte nichts mehr machen.« Ich hätte dich gern mit Fragen nach den medizinischen Einzelheiten bestürmt, aber das hätte nicht gepasst. Nicht bei der Ruhe und der Würde, mit der du mir offenkundig mündig das Verdikt der Ärzte mitgeteilt hast. Ich wollte, dass dein Sohn sich noch stürmisch bei dir bedanken kann. Als ich mit ihm sprach, war mir klar, wie dringlich und wie heiß er sich die Teile wünscht. Also ging ich los. Frau ..., – sagen wir Geier, denn ich möchte ihren Klarnamen nicht nennen, da ich vermute, dass jemand auf jenem Dienststuhl nur sitzen konnte, wenn er sich bereit fand, über dienstliche

Vorgänge auch an eine aushäusige Dienststelle zu berichten – bei jener Zollstelle teilte mir mit, dass die Zollgebühr 12 000 Mark betrage. Ich sagte, dass ich Einspruch einlege und sie dringend ersuche, in kürzester Zeit noch einmal zu prüfen, weil diese Summe nicht aufzubringen sei und der Wunsch der Schwerstkranken doch wohl Vorrang hat. Sie habe das Geld schließlich im Ausland bekommen, wie wir sonst an solcher Stelle immer ausdrücklich zu betonen pflegen, und ich sähe nicht ein, warum sie für diese Gebrauchsware eine so hohe Summe, die über ihre Möglichkeiten geht, bezahlen soll. Dann sagte ich noch: »Mir ist bekannt, dass solche Amateurausrüstungen gern von Ihrer Behörde beschlagnahmt werden, um sie weiterzureichen an die unterbeschäftigten Söhne verdienstvoller Genossen. Sollte das hier passieren, lege ich alle meine Ämter nieder und mache einen Budenzauber, dass sich Ihnen die Haare sträuben werden.«

Darauf erfolgte gar nichts. Ich wartete eine Woche, dann war ich mir sicher, dass auch gar nichts vorgesehen war. Darauf zahlten Wilhelm und ich privat die 12 000 Mark ein, und ich marschierte auf der Stelle zum Minister für Kultur. Nein, nicht auf der Stelle. Sondern zum Termin, der mir huldvoll zuteil wurde, weil ich keinen Ruf als Quengeltante hatte. Ich sagte zu Hans-Joachim Hoffmann: »Du schuldest mir 12 000 Mark.« Er sagte: »Aha. Und wofür?« Ich erzählte ihm die Geschichte, und er guckte nur einen Moment nachdenklich. Dann sagte er entschlossen: »Wir überweisen dir das Geld als einmalige Prämie für dein literarisches Schaffen.« Ich sagte: »Nicht für meine Verdienste um das Volkswohl?« Er sagte: »Nein, da würde es noch weit fehlen. Aber als Prämie.« Ich sagte: »Du glaubst doch nicht im Ernst, dass es mich besonders freut, von euch mit einer solchen außergewöhnlichen Prämie bedacht zu werden. Weißt du, wie schnell sich das rumspricht?« Er sagte: »Es gibt aber keinen anderen Weg, auch ich habe Dienstvorschriften, und ein anderer als dieser Topf ist mir momentan nicht zugänglich.« Also ging ich, und also wurde es so gemacht. Was noch ausstand und mir ständig die Pflicht von Begründungen für Verzögerung gegenüber Moritz auflud, war die Genehmigung der Frau vom Zoll. Dass die mich warten lassen würde, war mir klar. Ich möchte es ja nicht aussprechen, aber ich wurde so wütend, dass ich es im Kreise meiner Lieben sagte: »Und jetzt sorge ich dafür, dass ihr der Arsch brennt.«

Irmtraud lebte nicht mehr, als wir endlich das Zeug in unser Auto laden konnten. Schon wieder falsch. Mein Mann konnte das tun, ich hatte noch keinen Fuß nach Westberlin setzen dürfen. Er wurde am Zoll durchgewinkt. Und so bekam Moritz doch noch das Geschenk seiner liebevollen Mama.

Wo bist du? Ich vermisse dich und deine Gelassenheit im Begehrtsein, in der eigenen Attraktivität, in den Zweifeln, die auch deine scheinbare Glätte für Momente brüchig machte.

Du warst etwas ganz Seltenes, ein eher spröder Mensch, eine von uns Weibern, die sich auf Wege begeben, von denen manche mehr historische Widerstände bieten, als wir bislang beseitigen können. Du nicht, wir nicht, denen drei Atemzüge mehr vergönnt sind, und unsere Töchter werden vielleicht auch noch größeren Steinen begegnen, als sie wegschleppen können. Ich nehme noch einmal die *Amanda* und lasse mir Zeit auf deiner Spur.

Wir haben uns nie umarmt, wie mir das mit anderen Frauen selbstverständlich ist. Aber das war nicht wirklich ein Mangel an Nähe. Die stellte sich nur eben anders her, diese Wärme, die ich auch in diesem Augenblick für dich empfinde. Sei umarmt.

MEIN SEPTEMBER

Ein großer Sommer hat uns mit seinen Schönheiten, seinen Übertreibungen und mit Schrecknissen überfordert. Das ist nicht einmalig. In der Geschichte der Menschheit war der Sommer zu oft die Lauer vor dem Angriff, vor der geplanten Eroberung, dem Zugriff nach politischem Vorwand, immer als Zurückschlagen gegen erlittenes Unrecht getarnt. Das Schwert oder die Atombombe wurden gegen neu ernannte oder abermals zu berennende Feinde eingesetzt, das Schwert wurde geglüht und das beschuldigende Wort geschliffen.

Es ist um den einfachen Frieden seit Tausenden von Jahren ein beschwerlich Ding. Die Historie hat der kleinen Hoffnung immer wieder die kriegerische Alternative entgegengesetzt.

Wir glaubten nach jeder erlittenen oder zu unserer Kenntnis gebrachten Katastrophe, die Menschheit habe nun den nötigen Anteil an Erfahrung gehabt und sei belehrt. Wie jedes schnuppernde, die Flucht antretende Tier sei sie fähig, ihren Schluss aus den Erfahrungen zu ziehen. Sie sei zur Vernunft gekommen, oder wie immer man das nennen will.

Ungeachtet seiner schrecklichen Daten in der Geschichte habe ich den September schon immer geliebt: »Lieber September / noch Sommer / schon Herbst / der Winter kommt zu früh / kommt nie.«

Das Alter, kann sein, ist unsere durch Erfahrung nutzbare zweite Kindheit. Wir können wieder nicht jederzeit überall hin, müssen uns Mahnungen und Anmahnungen gefallen lassen, Gefälligkeiten in Anspruch nehmen, die zu weit in die Nähe von Hilfe gelangen. Und wir reagieren oft ungeduldig, abweisend, auch unterstellend.

Aber wir können endlich vieles, was wir beim Streben und Hochkommen, bei den nötigen Gründungen und inmitten all der Verluste und Brüche nicht gebrauchen konnten. Weil es sich nötig macht, können wir der ersten Erziehung die eigene folgen lassen. Und könnten staunen, wie viel Lehre wir doch schon verstaut haben.

Unsere Erkenntnisse stehen bereit, sie sagen: Das weißt du doch, das kennst du, erkennst du wieder. Sieh hin, der Ungeist hat sich nur verkleidet, aber: Nie wieder! das haben wir doch leidenschaftlich gesagt – dieses Wort stimmt, weil es der Leiden gedenkt. Erst meinten wir die längst nicht verwundenen Schlachtfelder, vom Wahnsinn der Mächtigen aufgerufen und schmählich verlassen, aber dann wandten wir uns mitten im sich ändernden Leben den Feldern des Alltags zu. Da bediente sich gerade eine vorgeblich treue Hand an den Früchten von vierzig Jahren redlicher Arbeit. Sie sortierte und evaluierte, um zu verschenken oder zu verschleudern. Es wurde sehr teuer, aber das ließ auch keine Schadenfreude aufkommen, weil der Schaden ja zu einem Teil unserer historischen Gesamtschuld erklärt wurde.

Ich möchte kein Wort gegen den Staat Israel und seine Bewohner sagen. Nicht einmal denken möchte ich, dass sie von ihren Peinigern gelernt haben. Aber was sie Rache – für vermutlich mörderische Provokation – nennen, das ist Mord an unschuldigen Zivilisten, auch an Kindern, an Patienten im Krankenhaus, an Schwangeren. An völlig unbeteiligten Menschen, die sicher eine Meinung haben, aber an den Kämpfen unbeteiligt sind – was niemanden schützt.

In meinen Albträumen weiß ich, dass deutsche

Soldaten in Russland mitten im Winter die Bewohner von Jurten aus ihren Behausungen geworfen und diese angezündet haben. Die Täter in Uniform wurden von Partisanen erwischt und gefangen genommen. Da sie Benzin benutzt hatten, rochen die Hände der Schuldigen nach dem Mordwerkzeug. Sie baten um ihr Leben, verwiesen auf Befehle, die hat es gegeben oder auch nicht, aber im Dunkeln, wenn sich wieder die Schatten vermischen, weiß ich nur, wer es mir, und wie er es erzählt hat. Er wird dabei bleiben, solange er lebt. Und wird es erzählen, wieder und wieder. Obwohl er weiß, dass die Bilder nicht zu löschen sind, und sich die Frage nach der Schuld und dem Grad der Sühne in Ewigkeit nicht beantworten lässt.

Geld ist ein teuflischer Teil der Macht, und es scheint so, als könne man nur dann den eigenen Idealen treu bleiben, wenn man nicht an ihr teilhat.

Wir wollen diesem September kein einziges furchtbares Datum hinzufügen. Das wünschen wir uns und werden keine Handlung gegen diese Hoffnung begehen. Aber verhindern können wir all diese den Krieg umspielenden Vorführungen nicht.

Die Natur wird uns wieder ihre überwältigende Schönheit bei der Niederlegung des Sommers und der Vorbereitung auf den Winter zeigen. Und mein Kindeskind, nahe Freundin und Zwillingsnatur, hat Geburtstag. Ich läute den Herbst ein, aber während ich Geschenke sammle, in Gedanken schon Weihnachten gestalte und mir also friedlich Genüsse ausdenke und sie staple, ertappe ich mich, wie ich nach draußen schnuppere, die Zeitung ungeduldig durchblättere und von den Nachrichten nur Bestätigung, kaum Beruhigung erwarte.

So kann man nicht leben – haben wir gesagt, haben wir gedacht.

Das gilt nicht mehr. Aber jeder September erinnert mich wieder und: nur im September ... Das ist geschrieben und also auch wahr. Und es lohnt sich, es nicht zu vergessen. Und etwas dafür zu tun. Was, das wird sich zeigen.

WAS BLEIBT ... VIELLEICHT

In einem der schönen Tagebuch-Kalender von Klages habe ich einen Spruch von Sartre gefunden, der mich begleiten wird: »Vielleicht gab es schönere Zeiten, aber diese ist die unsere.«

Er hat recht. Es ist unsere Zeit, und nur diese eine ist unsere Chance, etwas zu verändern. Auf die nachfolgenden Zeiten haben wir als durchschnittliche Menschenkinder keinen Einfluss. Die Seele fragt, ob nicht vielleicht doch ein Lied, eine Angewohnheit, ein Spruch, ein Fischrezept wenigstens bleiben könnte. Ja, vielleicht, aber vom Grund her? Es hat bei Größeren nicht gereicht, mach dir nichts vor.

Unsere Zeiten, was bringen sie uns gerade? Den äußersten Rand zwischen Gelassenheit und Beunruhigung. Unsere ehemaligen Bruderländer gleiten, rutschen und ackern sich ab, nach rechts. Über der Wüste wird – sehr wahrscheinlich aus Rache – ein russisches Flugzeug abgeschossen, das gerade Leute aus dem Urlaub nach Hause transportieren wollte. Ich kann mich ja irren, aber mir scheint die Weltpresse darüber ziemlich unaufgeregt. Weil es sich nur um Russen handelt? Weil Weltverbrechen an westlichen Ländern, wie ein abgeschossenes holländisches Flugzeug, gar ein Überfall auf das Bierzelt in München oder wie auf das World Trade Center anders abgerechnet werden? »Dort sind zehnmal mehr Unschuldige ermordet worden.« Kommt es darauf an?

Mein Leben lang habe ich über diese unstillbare Sehnsucht nach Frieden geschrieben, die uns, die den

Unfrieden erfuhren, wohl eint. Sie füllt mir die Seele, sie führt mir den Stift, diese unbefriedigte Sehnsucht.

Indes stehlen die Angehörigen von Boko Haram, ziemlich unaufgehalten, aus den Dörfern kindliche Mädchen, um sie zu versklaven. Das heißt, sie zu einem Glauben zu zwingen, der ihnen verbietet, ihr eigenes Leben zu führen, ihren Körper zu schützen, ihren Kopf zu benutzen.

Ein lauterer Mann »von drüben«, der auch immer eine Meinung hatte und nichts bewirken konnte, fordert mich in einer kostbar gestalteten Postwurfsendung auf, mit einer Patenschaft zu erreichen, dass ein Mädchen, irgendwo auf der Welt, nicht mit elf Jahren verheiratet und also gerettet wird. Die rührende Aufforderung ist ganz diskret gestaltet, vor allem völlig unpolitisch. Damit auch kein Bösewicht böse werden kann, wenn sie ihm zufällig in die Hände fällt. Bei den bedauerten Verbrechen an weiblichen Kindern scheint es sich um Naturkatastrophen zu handeln.

Spätestens seit den Machtkämpfen um Griechenland ist unübersehbar, dass die so erhoffte, so dringend benötigte Gemeinschaft nicht nur für das kriegsversehrte Europa, sondern für die ganze Menschenwelt, an Interessen und Eigennutz scheitert. Dass der Traum vom persönlichen Reichtum über die Sorge für alle unausrottbar triumphiert.

Ich will das nicht denken, aber anders ist die jetzige Lage nicht zu erklären.

Das schreckliche, an die Wand gemalte Entsetzen ist möglich.

Das glauben wir nicht? Wir versuchen zu hoffen, dass unsere überzahlten, vor Selbstbewusstsein strotzenden Politiker schon irgendwie recht haben, wenn sie uns erzählen, wie sie für uns vorsorgen.

Und dann schlagen zwei Händevoll Idioten auf eine der schönsten, gastfreundlichsten Städte der Welt ein.

Sie zeigen uns, wie leicht das geht. Ich werde ein Leben lang nicht vergessen, was eine Mutter gesagt hat: »Ich wollte meinem Sohn eine Konzertkarte schenken und habe ihm den Tod geschenkt.«

Wen ruft man an solchem Abend an, wie findet man Erleichterung? Der unwiderstehliche, weil an Erfahrung geschulte Gedanke lautet: Es geht, sie können es, und es gibt eigentlich kein Mittel dagegen. Das wissen wir doch seit dem 11. September, und begriffen wir es denn erst da?

Die Verbrechen haben stattgefunden, ob in Hiroshima, in den vietnamesischen Wäldern, in Afrika, auf den europäischen Schlachtfeldern. Wir wissen, dass bittere Armut der sichere Gang zum Irrweg ist, dass die Ausbeutung der Erde das Leben auf ihr gefährdet. Wir wissen, dass die Macht der Wenigen nicht ohne Einhalt bleiben darf und wie gefährdet der Boden ist, auf dem sie immer wieder zum Zuge kommen.

In Kiew, so wollte uns ein Teil der Presse glauben machen, wurde um Demokratie gestritten. Von wem? Von jenen Oligarchen, die den Zerfall der Sowjetunion zu eigenem märchenhaftem Reichtum genutzt haben? Solchen Männern, die in den USA ausgebildet wurden, jene Unordnung herzustellen, in der sich eine neue Ordnung, die angestrebte Veränderung der Machtverhältnisse, einrichten ließ? Sie sollten die berechtigte Ungeduld mit den Verhältnissen doch erst einmal bestärken und die vorhandene Ordnung zur Unordnung erklären, um sie abschaffen zu können.

Immer wieder neigen Mächtige dazu, sich jeder Kontrolle zu entziehen und sich Günstlinge zu kaufen, die sich wiederum eine Weile der Kontrolle entziehen. Das reicht dann von oben nach unten und wird immer schmutziger. Es ist nur nicht besser geworden. Gegen die Möglichkeiten des Amtsmissbrauchs wurde nur geklagt, bis die eine

Macht verschwunden war. Die Interessen sind nach einiger Zeit ähnlich, die Methoden die gleichen geblieben.

Ich hatte nicht vor, noch einmal nach Paris zu reisen. Aber ich sehe im Fernsehen eine Straße, durch die ich einmal, allein, gegangen bin. Der Boden ist unter Blumen unsichtbar geworden. Damals war es ein heiteres Hin und Her, und ich, anwesend nur für zweieinhalb Tage, war hier überflüssig, hatte gar keine Funktion, aber Heimweh. Ich wollte nach Hause, in mein sommerliches, aufgeregtes, nicht gar so charmantes Berlin. Aber erst einmal mit vielen Zeitungen unterm Arm in mein Hotelzimmer, immerhin in Paris. Und habe sie doch geatmet, diese Stadt, habe alles eingeatmet, auch dieses Fluidum der Leichtigkeit. Als ich mir ein Crêpe kaufte, beim Bäcker auf der Straße, machte er mir mit den Augen und einem Blick auf die Uhr eine männliche Offerte, und ich lachte, er lachte auch, gar nicht peinlich. Ich dachte damals: Diese Menschen sind ganz bei sich selber, deswegen können sie so offen sein für andere.

Es ist nicht leicht, das zu teilen, wenn man ganz anders aufgewachsen ist und anders gelebt hat.

Die Niederlagen mehren sich. Sie übertreffen die kleinen Siege. Vor Jahren wollte meine Enkeltochter mit ihrem Freund einmal Paris zu Silvester erleben. Wir sollten nicht reinreden und nichts organisieren. Wie in Berlin zum Brandenburger Tor, wollten sie dort in der Menge untertauchen, mit anderen das neue Jahr begrüßen. Was sie erlebten, war der Frust der arbeitslosen Vorstädter, der Jugendlichen, die abends die Innenstadt überfluteten, um auf ihre Arbeitslosigkeit und ihre ungelösten Bleiberechte aufmerksam zu machen. Wer sich auskannte, ging im Dunkeln nicht auf die Straße, sondern blieb zu Hause, oder verschwand in Restaurants jeder Preisklasse.

Unsere Kinder waren dort unaufgeklärte Fremde. Sie fanden nirgendwo Platz, blieben draußen und hörten nur den Lärm der Proteste.

Nicht nur die Kriegsgefangenen in meiner Kindheit sind mir immer in wärmender Erinnerung geblieben, ich habe französische Freunde wie Fania Fénelon geliebt und bin in Berlin Menschen aus Paris begegnet, die ich nie vergessen habe. Mit Sophie und ihrem Mann Jean war ich im Konzentrationslager Sachsenhausen. Dort ist ihr Onkel erschossen worden.

Wir haben beide geweint. Durch sie weiß ich, wozu diese Teststrecke für Frontschuhe genutzt wurde, von Häftlingen »ausprobiert«. Sie haben das meist nicht überlebt.

Als wir uns kennenlernten, auf einem Bahnsteig, mussten wir beide lachen. Wir waren am selben Tag geboren worden und sahen uns lächerlich ähnlich. Nun erinnere ich mich, und es tut weh, dass ich keine Adresse von den beiden mehr habe.

Paris, schmerzhaftestes Lehrgeld. Aus dem nicht einmal eine Lehre herausschaut. Wer sich am schnellsten zum Anschlag bekannt hat, war es vielleicht nicht, sondern benutzt den Schrecken zur eigenen Bestärkung.

Ich wollte, es wäre eine Arbeit zugange, die sich Frieden nennt. Die immer noch geltende Verteilung von Macht und Reichtum bereitet der Erde und damit ihren Bewohnern gerade neue Verteilungskämpfe.

Schrecklich, das zu sagen, aber vielleicht ist der Schock nötig gewesen, um die trägen Politiker aufzurütteln, dass sie ihrer Verantwortung gerecht werden müssten. Was tagen sie ewig ohne Ergebnis? Und immer schaut heraus, dass sie etwas anderes anstreben als Frieden, endlich und einmal für lange Zeit Frieden.

DER WAHRE GRUND

Es war alles wunderbar. Eine großartige Zeit. Ich habe mich um alles gerissen, alles gelernt und gekonnt, eingerichtet und durchgestanden. Aus den offenen Händen der Gesellschaft habe ich Aufgaben auf mich gezogen, deren Aufwand an Kraft sichtbar war, wenn auch nicht die vielfache Vergeblichkeit. Um die ging es ja auch nicht.

Wilhelm hatte mich freigesetzt von allem, was vorher meinen Alltag neben der künstlerischen Arbeit bestimmte. Ich brauchte mich um nichts Irdisches mehr zu kümmern: ob Steuern, Werkstätten, Kaufhallen oder das Enkelkind, das geholt, gebracht und geliebt werden wollte und unsere Gegenwart vielfach bestimmte; ob die Winterkleidung am besten schon im Frühjahr besorgt werden sollte, ob irgendein Obst doch noch ausgespäht werden konnte, ob Regale gebaut wurden, oder das Kind zu einer Leistenoperation begleitet, meine Termine koordiniert, Arbeitspartner über den Stand der gemeinsamen Projekte aufgeklärt, ein Urteil abgegeben werden, oder ob Begleitung zu fernen Veranstaltungen umfassend organisiert wurde: Er hat mir das alles abgenommen und mich freigesetzt für nichts als die Fantasie, die lange aufgeschobenen Werke oder Absichten, für die schönste Zusammenarbeit der Welt, um Lieder entstehen zu lassen, ganze Repertoires für Schauspieler und Sänger. Und ach, alles, was jemals angedacht worden war, konnte verwirklicht werden. Lieder für Jürgen Walter, schöne für den ganz anderen Künstler Frank Schöbel, seine Duette mit Aurora Lacasa, ein Lied für Lift und viele für Angelika Neutschel, die Schauspielerin, die sich daraus bis heute ihre Programme auf der Bühne gestaltet; Dagmar Frederic wollte ein paar »anspruchsvolle« Chansons neben ihren Schlagern und ach, da gab es doch in Sonneberg ein Ensemble aus hundert Leuten, die begeistert jeden nationalen Wettbewerb für Laienkunst besuchten, um sich wieder eine Goldmedaille abzuholen. Aber dazu brauchten sie Ansagen, Texte und ein paar Lieder. Das war neben drei Hörspielen, zwei Fernsehspielen und drei Theaterabenden, bei denen ich selber mit dem Ensemble auf der Bühne stand, zu schaffen. Gab es nicht noch freie Atemzüge? Klar, ich wurde stellvertretende Vorsitzende des Schriftstellerverbandes Berlin und war dadurch Mitglied des Zentralen Vorstandes. Daraus leitete sich die Delegierung in die Zentrale Sozialkommission des Verbandes ab. Sechzehn Jahre lang hat sich dort eine ehrenwerte kleine Truppe bemüht, zu helfen, wo oft nicht darum gebeten worden war; und den Überblick zu behalten über die gewohnheitsmäßigen Antragsteller. Ja, es gab Geld, das von alleinstehenden alten Kollegen aus dem früheren Widerstand dem Verband vererbt werden sollte. Das war aber nicht erlaubt. Die Kirche durfte nichts erben, und vermutlich ihretwegen auch keine andere gesellschaftliche Einrichtung. Es ging. Aber das brauchte Rat, Wege und Gänge.

Als ich zur Kreisleitung Mitte abgeschoben wurde, hinter mir nur erleichtertes Seufzen, weil es bloß diese übereifrige dumme Gans getroffen hatte, und man selber verschont blieb, bemerkte ich sehr bald, dass es nichts ausmachte, zu fehlen. Hauptsache, man tauchte in einer Liste auf.

Meine Brauchbarkeit muss sich herumgesprochen haben. Eines Tages ereilte mich die ehrenvolle Kunde, ich solle in die Volkskammer gewählt werden und dort das Referat Jugend übernehmen. Weil ich doch immer so schöne Jugendweihen gemacht hatte, mit Rede ohne

Manuskript, mit den Schülern ins Theater gegangen war und mich zu sehr freien Aussprachen traf. Und weil meine Filme *Liebe mit 16* und *Leben zu zweit* und meine Hörspiele *Der erste Eindruck von Liebe* und *Die letzte Seite im Tagebuch* sowie das Fernsehspiel *Martha, Martha* sich ausweisen als Kundigkeiten über Jugendliche. Außerdem war ich doch in den eben entstehenden Singeklubs eine beliebte Person, eine Art unübliche Lehrerin – da lag es doch nahe, die Erfahrungen in die Volkskammer einzubringen. Na klar, weil die ja berühmt dafür war, nach den Verbesserungsvorschlägen aus der Bevölkerung zu lechzen, um sie flugs in das DDR-Leben einzubringen. Bei diesem Angebot musste ich grübeln. Es war mir vorher schon gelungen, die anstehende Beförderung in das Gremium, welches über Nationalpreise etc. entschied, zu vermeiden. Das wollte ich unter keinen Umständen, da die Vergabe jedes Jahr auf Eingriffe von allen Seiten verwies, und Anekdoten darüber gab es die Menge. In die Volkskammer wollte ich nun wirklich nicht. Nach einigem Grübeln fiel mir ein, dass ja meine gesamte Herkunftsfamilie und die umliegende Verwandtschaft in den fünfziger Jahren nach dem Westen abgehauen waren. Es gab ein Gerücht, oder ein Wissen, dass man dann zwar in der Partei jede Karriere machen, aber niemals Mitglied der Volkskammer sein konnte. Ich brachte mein Wissen als Gewissenskonflikt unter, und es klappte. Gerhard Holtz-Baumert übernahm die Funktion, um mir später vorwurfsvoll zu sagen, dass er da gar nichts ausrichten konnte. Als hätte meine Anwesenheit das geändert.

Also blieb ich den künstlerischen Arbeiten erhalten. Es war nicht das einzelne Werk, das mit aller Freude ins Leben gebracht wurde, es war die Lust an der noch nicht ausprobierten, an der noch nicht fertigen, an der eben im Kopf entstandenen Idee, die neben den kleineren

Arbeiten für Zeitungen und Zeitschriften eben auch die Bücher, die LP's und Absichten verwirklichen ließen. Und wenn es um eine Werkstattwoche in Gussow in einem kleinen stillgelegten Gasthof in Brandenburg ging, zu dem jeder Zutritt hatte, dann war das Vorfreude, Arbeit und Gewinn. So auch die langen Gespräche mit Dean Reed, der ein viel klügerer Mensch war, als er oft auf der Bühne schien.

Und einem Angebot konnte ich nicht widerstehen. Das tatenlose, machtlose Komitee für Unterhaltungskunst, unter Leitung eines stellvertretenden Ministers, wurde wegen der krisenhaften Situation bei den Unterhaltungskünstlern umgewandelt. Zumindest organisatorisch sollte der Eindruck heftiger Bewegung und Veränderung entstehen. Ich wurde Vorsitzende der Sektion Chanson und Liedermacher, neben zehn anderen Sektionen, außer den Rockern die brisanteste. Ein Gebiet, von Problemen besetzt, von Möglichkeiten durchdrungen und von kribbelnder Produktivität.

Wir hatten in Frankfurt den wunderschönen Chanson-Wettbewerb, in den wir uns nicht von oben hineinregieren ließen, und weil es doch so schön war, und weil dort die Ideen trotz all der gesellschaftlichen Krisenhaftigkeit nur so sprossen, weil wir Gerhard Gundermann aus seiner bezirklichen Unterdrückung erlösen konnten, weil das bei anderen auch möglich war oder wurde, kam der nächste wunderbare Gedanke: Da ist uns doch tatsächlich eine Präsidentin herangewachsen! So wurde ich gewählt, so hatte ich für zehn Sektionen meine Arbeit zu machen. Und ich liebte sie. Aber alles andere auch.

Es kam der Moment, in dem ich mir über die Zusammenhänge zwischen Schlaflosigkeit und nicht enden wollenden Arbeitstagen klar wurde.

Es ging mir schlecht. Der Hut, unter den ich alles bringen wollte, schien zu platzen. Ich hatte 1984 also eine ehrenamtliche Tätigkeit übernommen, die einen hochtrabenden Namen trug, aber nicht mit Kompetenzen ausgestattet war. Es hätte eine nach oben verbindliche Konzeption gebraucht, um den Unterhaltungskünstlern die Heimat als Wand hinter sich kostbar zu machen. Aber ich musste erkennen, dass das Vorurteil der Funktionäre gegen diese »sogenannten Künstler« zu fest saß.

Ich hätte den Missbrauch meiner Kraft und Kompetenz mühelos als Begründung für eine Niederlegung der Funktion nutzen können. Es wäre nicht nur glaubwürdig, es wäre zu beweisen und richtig gewesen. Das weiß ich heute.

Aber ich hatte damals nicht die Kraft, einen Stuhl zu räumen, von dem aus so viel zu sehen war, wenn auch nur in Einzelfällen etwas zu ändern. Es war meine Entscheidung, auf Amtsräume zu verzichten und keine Gleichstellung mit den Kollegen der anderen Verbände zu wollen. Aber nach fünf Jahren der Versprechungen, ich würde eine kleine, von mir privat zu mietende Wohnung im selben Haus als Arbeitsraum bekommen, schien es, in noch unabsehbarer Nähe, nun bald möglich. Wilhelm wartete darauf mehr als auf jeden Kuraufenthalt, weil er dann umgehend die kleine Wohnung in ein Studio verwandeln wollte, auch in der Hoffnung, es würde sich im 25. Stock wieder eine Familie in ihrer Wohnung wohl fühlen können. Noch war es nicht soweit.

Es war alles möglich in dieser gastfreundlichen Familie. Manchmal um drei Uhr morgens hörte Wilhelm sich an, was der Barbara Thalheim nun wieder passiert war, tröstete sie und machte ihr Vorschläge. Aber es konnte auch jemand gestorben oder ein anderer eingesperrt sein, oder eine irrte in Berlin herum und suchte ein Bette, oder es hatte sich wieder einer nach Westberlin verirrt, war überwältigt dort geblieben und hatte nun die Erfahrung gemacht, dass er dringend wieder nach Hause wollte. Der erste Anruf galt uns; damals mehr dem beschwichtigenden Wilhelm, der nach Westberlin durfte, weil sie vergessen hatten, ihm bei seiner Kündigung als Chefredakteur den Pass abzunehmen. Konnten wir den einen nach Hause begleiten, wollte irgendjemand den anderen nicht wiederhaben, weil er gehört hatte, der solle schwul sein. Auf der anderen Seite konnten wir nicht verhindern, dass Künstler wie Veronika Fischer weggingen, weil ihnen nach dem vorangegangenen Weggang ihres Komponisten das Repertoire verloren ging.

Es kam der Tag, an dem ich die Konflikte nicht mehr ruhig anging. Unser gemeinsamer Arzt sah hin, untersuchte mich und kam zu dem Ergebnis, dass eine Pause zur Lebensrettung nötig sei.

Wir hatten uns noch nie getrennt, weil Wilhelm ja bei den Unternehmungen unterwegs immer dabei war.

Wie seltsam das war, den Koffer nur für einen zu packen, für mich, nicht für uns. Wieder mehr Bücher als Blusen, aber doch einen Anschein, als ob ich an müßiges Dahintrotteln glaube, nur weil verordnet ist: Lass dir das Essen vorsetzen, geh spazieren, denk mal an garnichts.

Und er, der sonst die Nähe braucht, den Austausch über Gemüse und Weltall, Zukünftiges und gleich nachher, er spricht über meinen Urlaub wie über einen Aufenthalt im Paradies. Ganz ungewöhnlich, er kennt weder den Ort noch das Domizil. Aber doch mich, meine Schwierigkeiten mit Abschalten. Denkt er, ich verändere Meinung und Macken?

Und da ist sie nun also, die Ostsee. Im Gegensatz zu mir hat sie sich kaum verändert. Erinnerungen? Ausreichend. Das erste Mal war ich FDGB-Urlauberin auf Hiddensee, das endete mit der Scheidung von Walter Steineckert.

Wann habe ich dieses Meer das letzte Mal gesehn? Das war doch, als wir versuchten, Urlaub zu machen, und Wilhelm landete im Krankenhaus, weil er Eis vom Wagen gegessen hatte. Ich nicht, ich hatte verzichtet und durfte also jeden Tag zum Krankenhaus. Es ging ihm immer schlechter, bis ich ihn rausgeholt und kurzerhand nach Hause gebracht habe, mit Hilfe von Laura.

Aber nun ein neuer Versuch. Hier haben wir den Speisesaal, hier werde ich also hungern, während andere prassen. Hier ist zur Zeit auch mein, unser Doc behilflich, zuständig, falls ich ..., aber diesen Gefallen werde ich niemandem tun. Ich werde aufblühn im Nu, damit ich zurück kann in meinen Alltag, der mir schon fehlt. Wer hat dem Doc diesen dämlichen Kurznamen verpasst? Das fragst du mich?

Erinnere dich, sagst du am innerbetrieblichen Telefon, egal, wir werden es nicht beachten. Also: Wir wurden nach Buch ins Regierungskrankenhaus geschickt, per Vorladung, einziger Luxus für die entschädigungslose Funktion, und wir nahmen die Vergünstigung aus Zeitmangel an. Als der Arzt uns zur Erstuntersuchung holte, erkannte ich ihn als einen Mieter aus unserem Haus in der Leipziger Straße. Das kürzte die Stacheln, die ich gerade ausgefahren hatte. Er sagte , dass sie ihre Patienten alle mit dem Lasso einfangen müssten, die hätten angeblich nicht die Zeit, einmal im Jahr für zwei Tage zur Untersuchung zu erscheinen. Sowieso alle mit Bluthochdruck. Und mit mir hätte er sicher den gleichen Ärger.

Nach zwei Stunden lag ich in einem Zimmer mit der Einrichtung einer mittleren Baude und musste meinen Hochdruck behandeln lassen. Zweihundert, damit war nicht zu spaßen.

Aber komisch war es schon. Meine Vorurteile hatten ein ganz anderes Bild von dieser Einrichtung. Gut, in der Eingangshalle lag ein Teppich. Irgendwie lag er, war nicht lang und nicht breit genug, aber er lag so, wie der

Spiegel ihn später beschrieb, enttäuscht über erwarteten Luxus und vorgefundene Schlichtheit.

Sie haben mir geholfen dort, und der Doktor wurde ein Freund. Um das nicht zu verbreiten, denn es war sehr ausdrücklich nicht gewünscht, vermieden wir am Telefon seinen Namen, wenn wir mit oder über ihn sprachen. So wurde er »der Doc« für uns, und der war gerade hier, an der Ostsee, weil er einen Patienten betreuen musste, oder mehrere besondere, ich weiß das nicht, und es hat mich nicht interessiert, weil schon der erste Hinblick ärgerlich war.

Das ältliche Haus war wirklich gar nichts Besonderes, dergleichen hatte ich für Feriengäste des FDGB ähnlich ausgestattet gesehen. Nur glaube ich nicht, dass die sich so einen erbärmlichen alten Fernseher gefallen ließen. Besonders die nicht, die zu Hause kein Westfernsehen erleben konnten und den ganzen Tag darauf warteten, dass endlich das schöne Abendprogramm losgeht. Einmal, nur ein einziges Mal, bin ich mit Jürgen Walter und Angelika Neutschel einer dringlichen Aufforderung gefolgt, abends in der Bar eines großen Hotels ein kostbares Programm zu machen. Das war in Thüringen, auf einem Berg mit erstklassigem Fernsehempfang. Wir kamen rechtzeitig an, und ich wunderte mich über Gäste, die mit ein paar nicht angerührten Bierflaschen im Foyer saßen, hin und wieder auf die Uhr guckten und weiter warteten. Das war damals, als es nur zwei Programme gab, und am Tage nur ein Testbild. Zu unserem Auftritt erschienen nur zwei Leute, die sich für die Abwesenden schämten – sagten sie.

So einen Fernseher, wie ganz am Anfang aller Sendefreuden, hatte ich im besonderen Krankenhaus zur Verfügung, ohne Fernbedienung.

Aber nun war ich ja an der Ostsee und inzwischen weit davon entfernt, auf ein Abendprogramm zu warten.

Auch, weil es in dieser Gegend keinen Empfang für einen westlichen Sender gab, nur für Dänemark und Adlershof, falls das Wetter es zuließ – ziemlich oft nicht.

Der Heimleiter, oder Geschäftsführer, egal, wie wir ihn jetzt nennen, hatte mich sehr freundlich empfangen, mich durch Räume geführt, in denen gegessen oder geturnt wird, und falls man sich abends treffen will ... Nein, das wollte ich nicht. Ich wollte lieber mit meinem daheim gebliebenen Wilhelm sprechen; erste lange Trennung, viel zu erzählen, ich schreibe dir alles und gebe es dem Kurier mit. Nein, du nicht, der fährt doch in Buch los.

Während der 24 Tage meiner Kur bekam ich von ihm jeden Tag einen Brief, und die meinen kamen den seinen zuvor, oder beantworteten sie, forderten sie heraus.

Wir waren seit fünfzehn Jahren miteinander verheiratet, aber so schreiben wir uns nicht. Als ich die Briefe, die ich verloren glaubte, nun noch einmal las, bemerkte ich neben der Sehnsucht und dem Vergnügen an gemeinsamen Gedanken, neben der Liebe also, noch etwas anderes. Jenes Jahr 1988, das uns so überforderte und mich an den Rand einer tatsächlich bedenklichen Erschütterung brachte, trug noch etwas weitaus Wichtigeres im Gewand: eine Gefährdung, eine Änderung im Bewusstsein. Wir empfanden uns nicht mehr an einem gewaltigen Anfang beteiligt, einem revolutionären, einem Aufbruch aus geschichtlichem Unrecht. Der eben seine Schwierigkeiten mit sich brachte, die wir zu tragen hatten, weil es keine Alternative gab. Es war etwas ins Leben geraten, das war Unlust, etwas hinzunehmen, das von oben als normal bei der Einführung einer fortschrittlichen Gesellschaft ausgegeben wurde. Nein, darum ging es nicht mehr.

Wo Maßnahmen nötig gewesen wären, trat Anmaßung an deren Stelle. Und die war zur Gewohnheit geworden. Die Mächtigen hatten sich untereinander verschlissen, misstrauten jedem, der den Mund aufmachte, und ließen laufen, was Volkes Sache hätte sein müssen. Beispiel? Der nette Chef des Hauses begegnete mir eines Morgens mit zornroter Stirn, eilte an mir vorbei. Was war passiert? Mir war aufgefallen, dass jeden Tag, mit pompösem Auto und mit zwei Mann Begleitung, oder Schutz vor uns, das Mitglied des Politbüros Hermann Axen erschien. Ein Mann, den ich sehr stark nicht schätzte. Er war klein. Kleine Männer neigen dazu, sich durch dickes Selbstvertrauen länger zu machen, was sie nicht eben größer macht. Als ich einmal vor Zuständigen eindringlich die Möglichkeit anmahnte, wenigstens in Klingenthal erzeugte Musikinstrumente und Gitarrensaiten für unser Geld freizugeben, erntete ich den Vorwurf, egoistisch zu denken: »Wir haben die Wahl, Geld für deine Musiker auszugeben oder ein Kopfteil an einem Operationstisch für Säuglinge zu kaufen. Was findest du wichtiger?«

Ich hätte wichtiger gefunden, dass Hermann Axen bei einem Besuch in Washington das Flugzeug nicht eine Woche lang bis zum Heimflug parkt. Das hat sechzigtausend Dollar gekostet. Und wie ich ihn beobachtete, war er sich das wert.

Warum der Heimchef so aufgebracht war? Weil der Mittagsgast, der hochwerte, verlangt hatte, das Wasser im Schwimmbad müsse um die Hälfte abgesenkt werden, also seinem Körpermaß angepasst. Das kostete Strom, von dem es für das Haus nur eine bewilligte Menge gab. Eine solche Extraausgabe war eine Belastung, die ausgeglichen werden musste.

Nun, wenige Tage später kam Frau Rodenberg, Chefin des Kindertheaters in Berlin und Witwe eines prominenten Genossen. Die war noch kleiner als Axen und verlangte als erfahrener Gast im Haus eine sofortige

Absenkung des Wassers auf ihr Maß. Sie forderte unentwegt und immer mit derselben scharfen Stimme und der unpersönlichen Art des Umgangs. Sie behandelte jeden so, dass niemand sie leiden konnte, aber wenn sie sich beim Chef über einen der Angestellten beklagte, winkte der hinter ihrem Rücken sofort ab. Ihr musste der Koch jeden Tag seinen Speisenplan vortragen, worauf sie fast immer etwas anderes verlangte, was für sie dann auch noch zubereitet wurde. Nur einmal ließ ich mich verleiten, Skat zu spielen und kam ausgerechnet an ihren Tisch. Sie trug jeden Stich zu Grabe, meist mit Vorwürfen versetzt und langem Gerede, was wer hätte einfüttern müssen oder behalten. Sie hat dem Spiel jeden Spaß genommen, und ich habe so schlecht gespielt, wie ich nur konnte. Das so naiv und so blöde wie möglich zu tun, war mein heimliches Vergnügen in aller Unlust.

Ich habe meinem Mann geschrieben, dass ich ihn vermisse. Und ihm vorgeschlagen, was wir alles ändern müssten, um ruhiger zu leben. Wir würden das Schreiben, Ämter und Familienleben endlich wieder trennen.

Er stimmte mir zu und bei, war anrührend nahe bei mir, und er teilte meine Gedanken. Ich schrieb ihm über Oktjabrina, die so eifersüchtig ihren stillen Mann bewachte. Nur einmal habe ich im Eifer eines Gesprächs mit den Fingerspitzen seinen Arm berührt. Das verwies sie mir sofort, und wenn ich es eben noch als Scherz abtun wollte, so bemerkte ich gleich darauf, wie ernst ihr das war. Ich hätte ihr die Unterstellung ja übel genommen, aber das kam bei ihr nicht infrage. Sie ist Armenierin, eine glühende Nationalistin. Wichtig, aber noch viel tiefer bewegt mich, dass sie mit fünfzehn Jahren als Soldatin und Sanitäterin an der Front war. Sie erzählte mir, dass sie beim Angriff außen am Panzer klebten, sie und die anderen Mädchen. Das schon war unerträglich zu hören. Aber einmal kam sie ohne ihr Gewehr von einem Angriff zurück. Sie wurde wieder rausgeschickt, das Gewehr zu holen. Es gehörte dazu, sagt sie. Zur Disziplin, und weil es ja um den Sieg ging. Wir hatten nicht genug Gewehre. Manche Mädchen hatten gar keins. Weil ich zuhöre, hat sie mir von faschistischem Völkermord erzählt, von Pogromen. Jetzt, sagt sie, setzen sie eine Kommission ein und aserbaidschanische Mörder fest. Islam gegen Christentum. Um sozialistische Weltanschauung geht es inzwischen einen Dreck. Oktjabrina erzählt, dass ihre Schwester Traktorina heißt. Das wollte der Vater unbedingt. Sie erzählt von Armut, Rückständigkeit, Rechtlosigkeit, auch Unterdrückung der Sprache und Kultur, durch Aserbaidschan und Sowjetmacht.

Seit wann? Seit siebzig Jahren.

Und wir hier basteln nun seit Jahrzehnten an der Erfindung des Fahrrads.

»Du schreibst mir über die dümmlichen Bemerkungen des Eisenwarenhändlers aus Karlshorst. Dass er so tut, als ob sie zum ersten Mal im Leben, nun als Wessi, ins Theater und in eine Ausstellung gehen dürfen. Du schreibst: ›Wer hat sie gehindert? Ich? Weil ich was bei ihm gekauft habe?‹

Du hast ja recht. Aber ich kann ihnen nichts verdenken. Was haben die nicht alles durch. Mal keine Lebensmittelkarte, herabsetzende Einordnung als Kleinbürger, dann ohne Erklärung doch Lebensmittelkarte. Und Übersteuerung, vielfältige bürokratische Behinderung oder Herabsetzung, keine Ware! Was haben die denn vom Sozialismus gehabt? Geld kann, muss nicht Freude und Lebensqualität sein. Ja, sie hatten einen Garten, ein Auto und sicher immer Geld. Na und? In Armenien ist die Kirche, sind viele Gemeinden reich. Aber die Menschen können sich im eigenen Land dafür nichts kaufen, nicht einmal die Grundnahrungsmittel. Was aber einem

Menschen sein Grundnahrungsmittel ist, das hat eine Gesellschaft nicht per Rezeptblock zu verordnen.

Erinnere Dich an den prachtvollen Sommer in Georgien. In der wunderbaren, lauten, salzhaltigen Meeresluft platzte es überall vor Fruchtbarkeit. Farben, Farben. Und es gab nicht einmal eine Zwiebel zu kaufen, keine Tomate, keinen Apfel, keine Beere. Zum Frühstück und zum Abendbrot gab es Berge von rohem Weißkohl und zum Mittag eine Untertasse voll Reis mit irgendwas. Nur Torten, fettes Backwerk hätten wir jeden Tag aus dem Laden holen können. Von Schönheit umgeben hat uns diese Lebensweise erschlagen.

Und die Mauer? Der kapitale Fehler, weil eben nicht Bauwerk und Bollwerk nach außen, sondern nach innen. Die Reiseerleichterungen kommen viel zu spät. Und wieder ungerecht, also ohne Recht. Wenn die Beauftragten jetzt nicht reagieren, jetzt keine Offensive wissen, dann geht eine historische Partie verloren. Daran wird die Menschheit nicht zugrunde gehen. Immerhin ist der Kapitalismus zu Reformen gezwungen worden. Alles ist vielleicht doch nicht umzukehren, aber mit dieser Politik geht es hier nicht mehr. Vorbei, anachronistisch. Ich habe Sehnsucht nach Dir, ich liebe Dich.«

Wilhelm kam zu Hause zurecht, schrieb mir liebevoll und beruhigend über die wundersame Reifung der Enkelin und haushaltliche Veränderungen. Es war, als ließen mich noch die Möbel grüßen, als wäre es ein Leichtes, eingefahrene Gewohnheiten sacht zurückzuführen. Würde uns wirklich niemand mehr nachts um drei anrufen, um sofortiges Reagieren abzuverlangen? Wie jener Musiker, mit dem zusammen wir uns ausgedacht hatten, wie seine Ausreise zu bewältigen wäre. Ja, wir bestätigten ihm seinen baldigen Tod und die nötige Übergabe der Gattin an den zuverlässigen Bruder in Kanada. Die Sache war eine Bewährungsprobe für das sicher nicht besonders große Vertrauen in meine Zuständigkeit. Aber ich glaubte mir ja beinahe selber. Und wir haben es geschafft. In Amsterdam wartete der liebe Bruder, und in Westberlin das Orchester der Bundeswehr, in das er einstieg. Nicht nur ich habe ihn am Bildschirm gesehen. Die Ironie, mit der mir »von oben« zu dieser Wunderheilung gratuliert wurde, war schwer zu schlucken.

Ich tat an der Ostsee alles, um wieder zu funktionieren, während ich grübelte, wie dieses Funktionieren zu verändern sei. Wir gingen als Gruppe aus dem Heim am Meer entlang, erzählend, lachend, fast unbeschwert. Die alten Pischners erzählten mir, dass sie sich gerade eine Wohnung mit sieben Zimmern herrichten, eine neue, da lassen sie Parkett legen, abziehen, und sie werden ...

Ich habe gedacht, wenn ich über siebzig bin, dann will ich so nicht denken. Mag ihre Vergangenheit arm und bedroht gewesen sein, was soll ein Nachholen, das es so nicht gibt? Nein, schrieb mir Wilhelm, dieser luxuriöse Anspruch hat in unserem Leben keinen Platz ...

Hungern macht nicht eben klüger. Die Gefühle spitzen sich zu, man regt sich eher auf, wird auch in unangenehmer Weise eigensüchtiger und von Humor kann auch nicht die Rede sein. Es gab keinen Grund, witzig zu tun.

Die Nachricht erreichte uns »da oben« am Meer wie Stille Post. Was war passiert, wirklich passiert? Das zweijährige Enkelchen Honeckers war im Krankenhaus in Buch gestorben. An einem grippalen Infekt.

Die Chefin musste gehen. Die kannte ich nicht. Ihr Stellvertreter sollte auch weg. Der kam als gebrochener Mann zu uns, sprach aber mit niemandem, außer mit dem Doc, unserem Arzt. Der erzählte mir die Sache so wieder, dass sie für alle Beteiligten unschön aussah. Es ging um Posten, um Geld, um Versetzungen, die man annahm oder auch nicht. Aber auch darum, dass Honecker seinen ja verständlichen Kummer damit begründete, dass ausgerechnet sein Enkel ... und er habe »ihnen« doch zwanzig Millionen gegeben.

Die zwanzig Millionen werden wohl aus dem Steuersäckel genommen worden sein, und was heißt »ausgerechnet mein Enkel ...« – lieber ein anderes Kind?

Zum Tod des Kindes äußerte Wilhelm sich nicht. Eine zu sensible Stelle, das wusste ich vorher. Dafür kam er von diesem seltsamen Anspruch der alten Leute nicht los. »Wir werden niemals dem wachsenden jeweiligen Luxus hinterherziehen«, schrieb er, »das passt nicht zu uns.« Und ich antwortete ihm: »Die Freude über den Umzug von der lautesten Stelle meines Lebens ist noch ganz frisch in mir. Ich brauche nur daran zu denken, wie das mit dem Ohr an der U-Bahn war, wie unerbittlich, dann denke ich wieder an das Wort des alten Professors: ›Lärmschäden sind unheilbar ...‹ Stimmt noch immer. Ich habe nicht so viel Heimweh, wie ich gedacht habe.«

Sein letzter Brief an mich lautet: »Ich erkläre mich hiermit bereit, Dich zu jeder Kur zu begleiten, der Du Dich jemals unterziehen wirst. Was ich dann dort mache, ist eine andere Frage.«

Das nächste Mal? Das war achtundzwanzig Jahre später, eine Reha. Da lebten wir schon lange in einer anderen Welt.

WAS ICH NOCH MÖCHTE

Ich möchte noch lange wenigstens zweimal im Jahr auf einen üppigen Markt gehen, mir dort pingelig frisches Gemüse aussuchen, darunter große Zwiebeln und ganz frische Kartoffeln, einen unter zwanzig Weißkohlköpfen, saftige Kohlrabi und festen Porree. Ach, und ganz frische Mohrrüben und Gurken, krumm oder gerade.

Ich möchte diese Köstlichkeiten nach Hause schleppen und mir auf dem Weg schon ausdenken, in wie viele feine Gerichte ich das ganze Zeug verwandeln werde. Wahrscheinlich komme ich nicht dazu, den Rezepten zu folgen, und werde gleich alles Raschelnde und Tropfende und fast noch Blühende in die Töpfe bringen. Aber irgendwas Leckeres kommt am Ende schon zustande, ich hoffe, noch sehr lange.

Ich möchte auch im Alter und mit all dem bleiernen und lodernden Wissen in meinem Kopf manchmal überfallen werden von dem Wunsch, in eine Kirche zu gehen. Ach, und vielleicht spielt einer gerade die Orgel, sodass mich die Erinnerung an den Tag unserer Hochzeit erreicht, oder es geht eine alte Frau nach vorn und versucht, ihrem Herzenswunsch mit einer Kerze aufzuhelfen. Ich würde der Maria ins liebe junge Gesicht gucken; mit innerem Kopfschütteln ihren Sohn betrachten, der in der Kirche immer in einem Alter ist, in dem er noch zu retten wäre. Ich werde denken: »Und? Und nu?« Aber Maria wird es nicht wissen. Und ich werde dennoch, alt, aber nicht gescheit genug, wieder auf die Straße gehen, und wie ich meine Familie kenne, wird mich draußen jemand mit forschenden Blicken erwarten. Bis hierher und nicht weiter, sagen diese Augen, aber nichts davon muss ausgesprochen werden.

Ich möchte nie zu alt sein, um nicht von der Gier nach einer Neuerscheinung überfallen zu werden, wenn der Autor mir Vertrauen ins Herz gesenkt hat und ich hoffen darf, dass er im neuen Buch nicht völlig verblödet ist.

Ich möchte immer so viel Kraft haben, dass ich mich jeden Tag ein bisschen überanstrengen kann. Die Lieder in meiner Brust und in meiner Seele, mit denen mich ein so langes freiwilliges Liebesverhältnis verbindet, sollen mir als Wort und Melodie bleiben.

Von der Natur wünschte ich mir seltene Augenblicke der Stille und des Bewusstseins, dass ich da viel zu viel versäumt habe. Ich kenne keinen einzigen Pilz und kann die Bäume grad so eben unterscheiden. Aber der Reichtum da draußen vor der Stadt in meinem geliebten Brandenburg – wo denn noch? – ist meine Lieblingslandschaft geworden und geblieben, wegen der Alleen und wegen der Seen und wegen der Hügel, die menschlich Maß nicht übersteigen.

Ich möchte im Alter so sein, dass jemand sich noch vorstellen kann, mich zu besuchen. Nicht, um zu sehen, ob ich denn noch lebe, sondern um zu erfahren, ob ich noch wissen will, wie es anderen geht, die noch suchen. Und vielleicht hoffen, bei mir und im Gespräch einen Gedanken zu finden, der weiterhilft. Ob ich eine Last wäre, und wie wenig ich das möchte, darüber denke ich jetzt nicht nach. Um dies zeitweilig anderen zuzumuten, muss ich nicht erst steinalt werden. Das konnte ich schon in der Jugend ganz prima.

Ach, ich will mich umdrehn und jemanden anlachen, den ich unvermutet treffe oder auf den ich lange gewartet habe. Wir wollen uns hinsetzen und miteinander reden. Auch darüber, was wir zustande gebracht haben. Aber vor allem, was wir noch machen könnten.

Ich möchte noch … ja, das auch, aber es hat noch keinen Namen.

Am ehesten könnte ich es nennen: die Welt verändern. Das kann ich nicht, aber versuchen, versuchen werde ich es immer wieder.

SIE SCHON WIEDER

Aber warum hat Arnold Zweig gelacht? Warum Beatrice gelächelt? Habe ich je über meine Mutter gelacht? Nein, das hätte sie nicht erlaubt.

Aber da zieht durch mein Gedächtnis auf einmal eine seltsame, lange beschädigte Erinnerung: Das Dorf mit den 82 Häusern in Oberösterreich. Ich höre Elisabeth von sehr ferne her lachen. Eben eine Rheinländerin, keinem Karneval abgeneigt. Und die Bäuerin hat dreißig Jahre nach dem Krieg zu mir gesagt, dass es schön war, wenn die Frau Burock » ... kämma is'. Da hama imma viel g'lacht.« Die Bäuerin war nicht die Einzige. Die Erinnerung war verdrängt, aber es gibt sie noch. Meine Mutter stand bei anderen hoch im Kurs, als Weglacherin. Sie erzählte Geschichten, die alle nicht stimmten, behauptete, Zukunft zu sehen, bestärkte jeden Ansatz von Hoffnung, wies Trauer in die Hölle, und ich war meist stummer Background, eine mehr im Publikum, das störte sie nicht.

Da lief sie zu großer Form auf, forderte von den Frauen sogar, bei Heimkehr des Mannes mit einer zweiten Hochzeitsfeier aufzuwarten, für die aber die Vorbereitungen gleich beginnen müssten. Und dann gab sie den Frauen sozusagen für den großen Tag Aufgaben in Arbeit, die sie abhielten von Trauer und Angst und sie in Vorfreude verstrickten, die für eine Weile besänftigte. Wenn der Anfang gelang, dann zog sie, als wären das Beweise, ihre abgegriffenen Karten aus der Tasche. Sie breitete Blatt um Blatt aus, gönnte sich eine Pause von den rosigen Schilderungen, schüttelte mal den Kopf, krauste ihre Stirn, seufzte ein wenig. Aber dann nahm dieses gewiefte Luder eine beliebige Karte, und da ich mich auskannte, konnte ich nicht übersehen, dass sie ihr jede Nichtigkeit nahm und besonderes Gewicht beimaß: Alles würde gut gehen. Es sähe so aus, als brauche der Mann viel Ruhe und müsse sich vom Krieg erholen, aber dafür könne die Frau ja sorgen. Damit sie schon immer beginnen könne, gingen wir nach Hause. Beim Gehen steckte die Bäuerin meist meiner Mutter ein paar Eier in die Tasche, ein Stück Butter oder weißes Mehl. Das trug zu unserer Ernährung und meiner Verachtung bei. Ich hab mich geschämt.

Damals war ich schweigend über sie empört, denn ich war nicht beteiligt an ihren ausgedachten oder empfundenen großen Gefühlen, sondern auf meinem ganz persönlichen Feldzug gegen die Fülle ihrer Lügen und Verstellungen.

Als sie mich am Schwielowsee besuchte, hatte ich ihr gesagt, dass Arnold Zweig ein berühmter blinder Mann war, der unter seinem Zustand litt.

War ich blöd? Ich kannte doch meine Mutter, und ich hätte wissen müssen, wozu ich sie anstachelte. Was soll ich sagen? In meiner Erinnerung ist geblieben, dass Arnold Zweig nicht über meine Mutter, sondern mit ihr gelacht hat. Und Beatrice hat gelächelt.

Ich kann mit ihr nichts mehr ins Reine bringen. Aber im Leben ist das meiste nicht so einfach, wie wir es uns machen.

»... UND DER TREUE NICHT VERGISS«

Ich habe Grund, zu danken.

Meiner Laura, der ich eine gute Großmutter sein wollte und die nun an meiner Seite ist: die Hand, die mich stützt, der Kopf, der mit mir denkt, und wie wir arbeiten, immer zu viel. Wir lachen uns aus allen Übeln heraus, und ich danke ihr unvergessliche Augenblicke. Sie hat mich ein paar Mal vor dem Verlust von Würde bewahrt. Im Alter ein gefährlich Ding.

Ich danke unserer Freundin Eike, ohne die dieses Buch nicht in deiner Hand wäre. Das hatte ernste Gründe, aus denen belebendes geistiges Miteinander wurde. Sie hat mit zehn Fingern alles aufgeschrieben und immer mitgedacht.

Ich danke Klaus, der Feines für mich gekocht und Kirsten damit zu mir ins Krankenhaus gebracht hat. Die langen Gespräche mit ihr waren heilsam.

Ich danke meinem Enkel-Eidam René, verschworener Freund und liebevoller Sohn. Er hat zwei rechte Hände und macht Laura glücklich. Dafür liebe ich ihn.

Ich danke dem Verlag. Danke Dorothea Oehme, weil sie mich aus Erfahrung einfach machen ließ.

Ich habe das Glück, von einer sehr klugen Frau behandelt zu werden. Ich danke Dr. Erika Eger für ihre Strenge und ihre Güte.

ISBN 978-3-355-01846-3

© 2016 Verlag Neues Leben, Berlin
Umschlaggestaltung: Verlag
Druck und Bindung: GGP Media GmbH, Pößneck

Die Bücher des Verlags Neues Lebens
erscheinen in der Eulenspiegel Verlagsgruppe.

www.eulenspiegel.com